Into the Narrative Space

打开叙事空间的大门

——西方博物馆的展陈设计

于海勃［著］

Exhibition Design of Western Museum

中国戏剧出版社
CHINA THEATRE PRESS

图书在版编目（CIP）数据

打开叙事空间的大门 ： 西方博物馆的展陈设计 /
（美）于海勃著. — 北京 ： 中国戏剧出版社， 2021.1（2022.10 重印）
ISBN 978-7-104-05057-5

Ⅰ. ①打… Ⅱ. ①于… Ⅲ. ①博物馆—陈列设计—研
究—西方国家 Ⅳ. ①G265

中国版本图书馆 CIP 数据核字（2021）第 032235 号

打开叙事空间的大门：西方博物馆的展陈设计

策划编辑： 王松林
责任编辑： 郭 峰
责任印制： 冯志强

出版发行： 中国戏剧出版社
出 版 人： 樊国宾
社　　址： 北京市西城区天宁寺前街 2 号国家音乐产业基地 L 座
邮　　编： 100055
网　　址： www.theatrebook.cn
电　　话： 010-63385980（总编室） 010-63381560（发行部）
传　　真： 010-63381560

读者服务： 010-63381560
邮购地址： 北京市西城区天宁寺前街 2 号国家音乐产业基地 L 座

印　　刷： 北京鑫益晖印刷有限公司
开　　本： 787mm×1092mm 1/16
印　　张： 16.5
字　　数： 240 千字
版　　次： 2022 年 10 月 北京第 1 版第 2 次印刷
书　　号： ISBN 978-7-104-05057-5
定　　价： 288.00 元

序

儿时对博物馆的印象尽管已成碎片，但对一些特殊的场面及陈列依然记忆犹新，感谢那些没有留下姓名的设计师，让我记住了一幅幅视觉的画面。

军事博物馆的红头喷气机（MIG15）、自然博物馆的恐龙骨架、革命博物馆（革命博物馆与历史博物馆现已合并为国家博物馆）的太平天国旗阵和地道战的幻影成像模型、民族文化宫的可变模型景箱，还有许许多多好玩的东西曾让一个刚上小学的少年那样痴迷，博物馆成了一个最吸引我的去处。没想到童年的兴趣竟一直延续至今，每到访一座城市必要到那里的博物馆转转。

博物馆设计并不是我原本从事的专业。作为一名舞台和影视场景设计师，一个偶然的机会让我走进博物馆这扇门，但令我惊奇的是，对于这一新的领域我未曾有过一丝跨界的陌生感，顺畅地开展工作并迅速地爱上了它。从此我将自己的设计疆域扩展到这一行业并开始有意识地吸收新的养分，以构建新的知识结构。

正如书中多次强调的那样，尽管博物馆有着自己独特的叙事方式，但它在基本的视觉表达方面与其他艺术门类是相通的，在空间处理、立体和平面构成与设计、色彩学，以及新媒体艺术等方面都与其他设计门类高度重合。得益于长期的戏剧环境的熏陶与实践积累，我对展陈脚本的理解深度，特别是对文字转化为形象的能力都化成了我工作的助力和优势，我想这也可能是我虽半路出家但却被同行认可的原因之一吧。

可能出于职业习惯，三十余年在中国与国外的教学生涯使我养成了一个喜爱归纳总结的习惯，加之发现国内这方面的书籍还不多，遂鼓足勇气将十余年的研究与心得写出来与大家共享。

本书分为两部分。第一部分，理论篇。它涵盖当代展览设计中的一些基本理论并辅以一些设计实践进行分析说明。第二部分，实践篇。它着眼于各种展陈技术与设计手法的介绍，并以近年来各种国际展览中的一些作品作为案例进行具体阐述。

书中所选取的设计案例代表了当代博物馆展陈设计中已得到广泛公认的优秀作品，它们都是那样的引人注目，在富有创意的展陈空间里为观众的融入、互动与共鸣提供了无限的支持。

此外，我愿借此书出版的机会向那些与我合作过的国内博物馆界的师长、同事与朋友们致谢，特别是：王凯、赵彤、洪迈恩、卢正刚、黄耀祖、刘剑、赵勃、赵覃、王国彬、关波、关磊（马克）、张会宁、王真、陈伟龙、姚安、朱成山、徐伟、关浩、白欧、邵晨、刘婷婷、高雅、邓博仁等先生和女士（抱歉，这个名单还能拉长几倍），感谢他们在不同时期的合作中给予我这个半路出家的设计师的信任、帮助与创作灵感。

于海勃

2020 年 3 月 13 日・北京

目　录 contents

前　言

什么是展陈设计？

从下面的一组简短对话中，相信你会快速得到一个简要答案，并对展陈设计的工作范围与特点产生一些基本印象。

问：你如何描述自己作为展览设计师的工作？

答：我是博物馆设计团队的一员。我们每年都有一个非常繁忙的展览及各种其他项目的年度计划，从各种临展到永久性博物馆或艺术画廊。内容是多种多样的，在每个项目的执行中你都会发现许多新的主题和新的内容。你要善于与来自不同专业和背景的同事一起工作，合作意识特别重要。我的工作是设计展览的整体布局，包括所有的展陈细节，像展示柜、背景墙和高低错落的展示平台等。我还与各种不同专业的创意团队合作，通常包括平面设计师、照明设计师、视频设计师和音响设计师，与他们共同创造出展览的整体视觉外观和内在的情绪表达。

问：当筹备一个新的展览时，设计师应该首先考虑哪些方面？

答：通常需要考虑的关键问题有："展览是关于什么主题的""为谁设计？""目标受众是谁？""你需要多长时间来完成项目？""展览的场地在哪儿，空间有多大？"，最后是"预算大概多少钱？"

问：在设计中经常使用哪些手段来加强展出的氛围？

答：在展览中创造合适的氛围有多种方式，它包括展陈结构中的所有元素：陈列品及陈列方式、大型场景、音视频与照明组合等。尤其当我们试图讲述一个故事时，我们通常会采用稍微戏剧化的方法。在整个展览中需要有一定的节奏感，特别要有一些“哇！”的时刻来激发观者的兴致，也需要有安静的时刻让他们可以进行思考或反思。总之要不断地制造新鲜感，使参观者不被海量的平淡信息淹没。

问：展览设计在过去的十年中有哪些发展？

答：随着各种新材料和制作工艺的发展，展览设计也在不断变化。每一个新的展览项目都会带来一些新的挑战，而每一次对那些挑战的攻克就是一次新的发展，许多以前被认为不可能的事情在今天都成了现实。

问：如何在有限的空间最大限度地容纳观众？

答：展览的空间布局与参观流线一定要符合访问者的需求，必须确保所有参观者都能够顺畅有序地向前移动，舒适地观展，没有障碍地阅读文字，观看图片与动态资料。这个空间需要足够大，人们不会感到拥挤，轮椅使用者可以畅通无阻地移动。在设计过程中我们会随时与总体规划方面的专家团队密切合作，确保我们的展览尽可能多地接待参观者。

问：从设计的角度如何吸引不同年龄和层次的观众？

答：我们非常重视参观者的体验，每次展览我们都会收集观众的反馈，这些反馈按不同的年龄段与受教育程度分类并进行分析。这意味着我们可以及时地发现问题，了解哪些元素是成功的，哪些没有按照我们设想的方式得到满意的结果。这样，我们会根据情况尽快做出相应的调整，使展览尽量接近完美。

在具体的做法上，通常我们会尽量找到一个平衡点，让展品的信息量适中，并尽可能做到视觉化。

问：为什么说展陈设计在整个展览的叙事中至关重要？

答：在规划展览设计时，对内容的解读特别重要，但这个解读不能是简单消化而应做到创造性发挥。我们一般会在不影响主题大纲原则与精神的前提下，对内容的结构做些调整，譬如“重构”，这就像拍电影时首先要将文学剧本变为拍摄时使用的分镜头剧本。

我们的任务是将展纲上的文字变成形象，并在三维的立体空间里构成相互的关系。文字的逻辑关系是线性的，但展陈设计的空间构成必须多样，除了平铺直叙，还有对比、主次、烘托、倒叙、阵列、环绕、透视等许多结构手段。简言之，经过设计师们的再创作后，枯燥的文字将变成一个精彩的世界，参观者将在其中看到、听到甚至触摸到一个曾经或正在发生的故事。

理论篇

第一章　博物馆概述

博物馆是研究与保存系列文物和其他具有艺术、文化、历史或科学价值藏品的机构。大部分博物馆会以永久或临时性的展览方式将这些藏品向社会开放，供公众观看。世界各主要大城市都几乎无一例外地拥有数目可观的大型博物馆，即使在世界大部分的中小城市甚至乡村地区也遍布着成千上万家反映当地文化的中小型博物馆。尽管这些博物馆的风格与种类各不相同，其目的却是共通的，即为大众提供学习、了解历史与文化的课堂。

截至 2010 年代，信息数字化的持续加速发展，加上数字信息存储能力的不断提高，引发了传统博物馆模式的变革。从传统的三维标本的静态实体收藏展示扩展到包括虚拟展品的多种展示媒介，并以藏品的高分辨率图像，使观众可以从任何有互联网的地方仔细阅读、研究和探索。根据世界博物馆组织的调研统计，目前在世界 202 个国家和地区中已有超过 55000 座规模大小不等的各类博物馆。

博物馆的功能

现代博物馆的功能是收集、保存、解释和展示对公众教育具有艺术、文化或科学意义的物品。从某种角度来说，除了客观地向公众展示外，每个博物馆也会在展览中表达自己的观点乃至鲜明的态度或立场。参观各地的大型历史博物馆或城市艺术馆或许可以成为一整天的文化娱乐活动，因此对于城市领导者来说，一个健康的博物馆社区可以被视为城市的文化窗口，是衡量一个城市文化经济状况的标尺，也是一种提高本地居民文化素质的有效手段。对博物馆专业人士而言，博物馆可以被视为向公众宣传博物馆使命的一种方式，例如提高公民的文化素养或环境保护意识。

博物馆首先是知识库。1829 年詹姆斯·史密森决定向史密森学会进行资助时表示，他想建立一个“增加和传播知识”的机构。然而，博物馆这个“增加和传播知识”的机构在各个不同历史阶段的功能也伴随着历史发展而不断地变化着。譬如，19 世纪后期的自然历史博物馆展示了维多利亚时代对消费与秩序的渴望，它的目的主要是收集用于研究和展示所有知识领域、包括每个分类学科的发展成果。而在大洋彼岸，随着美国大学在 19 世纪的发展，它们所收集的自然历史藏品则主要用于学术研究。到 19 世纪末叶，当大学的科研已达到细胞水平的生物学研究时，一直以自然博物馆为基地的尖端研究便逐渐地从博物馆转移到大学的实验室。虽然许多大型博物馆，如史密森学会，仍然被视为研究中心，但研究已不再是大多数博物馆的主要目的。

长久以来，关于博物馆对藏品解释的权威性一直存在争议，却丝毫没有影响各级文化主管部门与文博机构在文物藏品的保护工作中投入大量的精力、专业知识及金钱，用以延缓文件、文物、艺术品的老化与历史建筑物的养护。所有博物馆都长期保持着对公众开放，向不同文化背景、不同国籍、不同年龄的观众展示人类文化发展中具有重要意义的文物。正如历史学家斯蒂芬·康恩表达的那样，“在一个公共场所，当你与大家一同观赏这件久闻而从未谋面的物件时，这是一个多么令人着迷的经历！”

博物馆的主要功能因馆而异。有些文博机构强调教育而不是文物保护，反之亦然。例如，在 20 世纪 70 年代，加拿大科学技术博物馆就致力于科普与教育，在展陈方式与活动安排上均在展示的基础上结合了互动的功能。比如展览中陈列的一台历史悠久的印刷机，就用来由一名工作人员为参观者当场制作纪念品，而不是仅仅作为一件不会发声的文物陈列在那里。有些博物馆则寻求广泛的受众面，如各种大型的国家博物馆。另有一些博物馆会瞄准特定的受众，如位于盐湖城的教会历史博物馆等。一般而言，博物馆收集符合其保护目的和与其展示主题有关的重要物品。虽然大多数博物馆不允许观众触摸展品，但有些博物馆却例外地鼓励观众与展品进行互动。例如 2009 年，位于伦敦西南曾属于英王亨利八世的汉普顿宫博物馆就向公众开放了它的议事大厅，为游客创造了一个互动的环境。当然展出的并不是具有 500 年历史的珍品，而是复制的仿品与服饰。通过这些刻意营造的日常场景与活动，身着历史服饰，让参观者亲身感受与领略一下都铎王朝的生活。

全世界参观人数最多的博物馆

2015 年世界博物馆学会与主题娱乐协会联合发布了一份调查表，列举了当年博物馆参观人数的世界前 20 位排名（注：排名每年会略有不同，世界级博物馆也绝不仅仅限于 20 座）。

排名	博物馆	城市	国家	参观人数（年）
1	卢浮宫	巴黎	法国	8600000
2	国家博物馆	北京	中国	7290000
3	国家自然历史博物馆	华盛顿	美国	6900000
4	国家航天博物馆	华盛顿	美国	6900000
5	大英博物馆	伦敦	英国	6820686
6	大都会博物馆	纽约	美国	6533106
7	梵蒂冈博物馆	梵蒂冈	梵蒂冈	6002251
8	上海科技馆	上海	中国	5948000
9	国家画廊	伦敦	英国	5908254
10	台北“故宫博物院”	台北	中国	5301860
11	伦敦自然历史博物馆	伦敦	英国	5284023
12	美国自然历史博物馆	纽约	美国	5000000
13	泰德现代艺术馆	伦敦	英国	4712581
14	国家画廊	华盛顿	美国	4104331
15	国家历史博物馆	华盛顿	美国	4100000
16	国家冬宫博物馆	圣彼得堡	俄国	3668031
17	奥赛博物馆	巴黎	法国	3440000
18	维多利亚与阿尔伯特博物馆	伦敦	英国	3432325
19	科学博物馆	伦敦	英国	3356212
20	索菲亚博物馆	马德里	西班牙	3249591

早期的博物馆

早期的博物馆起源于私人收藏。一些富有的个人、家庭或艺术机构将稀有好奇的艺术品、文物以及自然物品等收集起来并向私人朋友圈或一定范围的公众展示。这些藏品通常会陈列在所谓的奇迹房或古董柜中。最古老的博物馆是现在位于伊拉克境内的 Ennigaldi-Nanna 博物馆，其历史可以追溯到公元前 530 年的巴比伦王国，虽然至今还没有得到确凿的考古史料的证实，但据传这座博物馆致力于美索不达米亚古物的系列收藏，它的主人是巴比伦公主伊妮高蒂。

在过去，私人艺术收藏品与私人博物馆也经常会对公众开放，但是要取决于其主人的意愿和目的。精英人士也经常利用个人的某项专门收藏在社交中获得更高的身份与社会地位。由于这些藏品中许多都是文化、考古或自然科学领域方面的新发现，往往会吸引大量收藏家、学者、自然主义者，以及对文化收藏与自然科学感兴趣的人们，他们渴望亲眼看见真品的机会。人们发现，通过博物馆展示这一新的传播方式，也是对文化及科学信息进行分类管理的有效途径，能够更广泛地向大众传播古代遗产和科学普及，以及更系统的沟通和交流。

其中一位自然主义者和收藏家尤里斯・阿尔德洛万迪，他在文艺复兴时期收集了大量各类藏品，但这是一种完全不分类的百科全书式收藏（图 1–1）。将收集的所有内容和当时所掌握的一

图 1–1 早期的博物馆：意大利收藏家尤里斯・阿尔德洛万迪，他在文艺复兴时期收集了大量各类藏品，但这是一种完全不分类的百科全书式收藏。

切知识都统统放在这些展示当中。然而随着时间的推移，博物馆理念逐渐发生了变化，阿尔德洛万迪与他的百科全书式展览理念开始被大部分人所排斥。18 世纪启蒙时代的学者们认为他们对博物馆的看法是正确的：他们认为自然历史博物馆应以“组织和分类”为基础，而不是按照阿尔德洛万迪的风格将所有科目杂乱地拼凑在一起。

那些世界上最古老的公共博物馆在文艺复兴时期的意大利诞生，到了 18 世纪在欧洲陆续出现了数量可观的博物馆，包括以下这些博物馆。

● 罗马卡比托林博物馆（Capitoline Museum）

拥有世界上最古老的艺术收藏品。始于 1471 年，当时教皇西斯图斯四世向罗马人民捐赠了一批重要的古代雕塑（图 1–2）。

图 1–2 早期的博物馆：始于 1471 年的罗马卡比托林博物馆拥有世界上最古老的艺术收藏品。

● 梵蒂冈博物馆（Vatican Museum）

世界上第二古老的博物馆，其历史可追溯至 1506 年由教皇朱利叶斯二世开始的向公众展示的雕塑收藏品（图 1–3）。

图 1–3　早期的博物馆：梵蒂冈博物馆的建筑雕塑，世界上第二古老的博物馆，其历史可追溯至 1506 年。

● 英国皇家军械博物馆（Royal Armouries Museum）

伦敦塔中的皇家军械库是英国最古老的博物馆，它于 1660 年向公众开放，目前博物馆共有三处分馆，包括设在利兹的新总馆（图 1–4）。

图 1–4　早期的博物馆：英国皇家军械博物馆是英国最古老的博物馆，它于 1660 年向公众开放，目前博物馆共有三处分馆，图为利兹新总馆的兵器墙。

● 安汶植物博物馆（Ambras Castle）

德国植物学家乔格·拉夫于 1662 年在安汶建立了一个植物博物馆，使其成为印度尼西亚历史上最悠久的博物馆。今日此博物馆已不存在，但拉夫当年的著作现存于印尼国家博物馆的图书馆里。1778 年成立的巴达维亚艺术与科学学会在原有博物馆的基础上建立了新的博物馆，收集了大量关于印度尼西亚自然历史和文化的资料，在研究中发挥了重要作用（图 1–5）。

图 1–5 早期的博物馆：德国植物学家乔格·拉夫于 1662 年在安汶建立了一个植物博物馆。

● 巴塞尔艺术博物馆（Kunstmuseum Basel）

瑞士最大、最重要的公共艺术收藏机构。最初是一个私人收藏，于 1661 年被巴塞尔大学和巴塞尔市收购，并于 1671 年向公众开放。它的广泛收藏使其具有国际地位，成为同类中最重要的博物馆之一。其中包括：1400 ~ 1600 年在莱茵河上游地区活跃的艺术家的素描和绘画，以及 19 ~ 21 世纪的艺术。

● 贝桑松艺术博物馆（Musée des Beaux-Arts et d'Archéologie de Besançon）

被认为是法国最古老的艺术博物馆，它收藏了许多珍贵画作，包括原始主义画派和文艺复兴时期的作品，贝桑松艺术博物馆成立于 1694 年，初建时每周两天向公众开放。

● 彼得大帝人类学和民族志博物馆（Kunstkamera）

俄罗斯历史最悠久的博物馆，1717 年由 Kikin 商会组建，1727 年在旧科学院大厦向公众开放。该博物馆收集了世界四大洲的人类学、民族学资料，参观者尤其感兴趣的部分是彼得大帝的人类学收藏品。彼得大帝好像对人类形体有着极大的兴趣，他投入了巨款用以收集巨人、畸形儿等人体标本。

● 大英博物馆（British Museum）

伦敦大英博物馆成立于 1753 年，于 1759 年向公众开放。汉斯·斯隆爵士捐赠的个人古董收藏系列为大英博物馆的藏品奠定了初创的基础（图 1–6）。

图 1-6 早期的博物馆：19 世纪大英博物馆中的动物学展厅。

● 佛罗伦萨乌菲兹美术馆（Uffizi Gallery）

丰富的艺术收藏品于 15 世纪从科西莫德·美第奇开始并由他的后代逐步扩大，并于 1743 年由美第奇家族的最后一位继承人遗赠给托斯卡纳人民以及全人类。乌菲兹宫（建于 1560 年至 1581 年）由文艺复兴时期的画家和建筑师乔治·瓦萨里设计。顶层被改建为画廊空间，1769 年作为博物馆向公众开放。

● 里加航海历史博物馆（Museum of the History of Riga and Navigation）

拉脱维亚和整个波罗的海地区最古老的博物馆，也是欧洲最古老的博物馆之一。它于 1773 年由里加市议会成立并向公众开放。博物馆丰富多样的藏品最初来源于私人捐赠的艺术与自然科学收藏。今天，里加和导航历史博物馆藏品超过 50 万件，共 80 个系列。

● 冬宫博物馆（Hermitage Museum）

该馆最早是女皇叶卡捷琳娜二世的私人府邸。1764 年，叶卡捷琳娜二世从柏林购进伦勃朗、鲁本斯等人的 250 幅绘画存放在冬宫新建的侧翼“艾尔米塔什”（名字源自古法语 Hermit，意为“隐宫”），由法国建筑师设计，该博物馆由此得名。该馆 1852 年对公众开放。

● 普拉多博物馆（Prado Museum）

马德里的普拉多博物馆于 1785 年由西班牙的查理三世创立。最初只是一个收藏自然历史文物的私人收藏室。后来，该建筑改建为新的皇家绘画与雕塑博物馆，于 1819 年向公众开放，旨在展示属于西班牙王室的艺术作品（图 1–7）。

图 1–7 早期的博物馆：马德里的普拉多博物馆于 1785 年由西班牙的查理三世创立。

● 维也纳艺术史博物馆（哈布斯堡宫，Kunsthistorisches Museum Wien）

这里珍藏着哈布斯堡王朝数百年来收集的欧洲珍品，包括卢本斯、伦勃朗、丢勒、拉斐尔、提香等著名画家的作品，1871年对公众开放。

● 泰勒斯博物馆（Teylers Museum）

哈勒姆市的泰勒斯博物馆成立于1778年，展品涵盖艺术、自然、历史与科学等多个领域，是荷兰最古老的博物馆。

● 卢浮宫博物馆（Musée du Louvre）

原是法国的王宫，始建于1204年。这里曾居住过50位法国国王和王后，是法国文艺复兴时期最珍贵的建筑物之一，以收藏丰富的古典绘画和雕刻而闻名于世。卢浮宫博物馆于1793年向公众开放。

● 布鲁肯塔尔国家博物馆（Brukenthal National Museum）

罗马尼亚国家博物馆的前身，建于18世纪晚期，位于罗马尼亚特兰西瓦尼亚的锡比乌。这座当时属于特兰西瓦尼亚总督的府邸，于1790年左右将第一批藏品正式向公众开放。1817年成为罗马尼亚最古老的博物馆机构。

● 美国哲学学会博物馆（American Philosophical Society，APS）

坐落于美国费城，其历史可以追溯到1743年，使其成为美国最古老的博物馆。该博物馆收藏了美国从开国时期到数字时代的丰富历史与科学藏品，包括厚度超过2.5英里的手稿和大约100万本珍本书、版画、照片、绘画、科学仪器等，以及美洲原住民语言录音和其他物品。

● 印度博物馆（Indian Museum）

位于印度加尔各答，成立于1814年，是印度最大和最古老的博物馆，它收藏了102646件珍贵的古董，包括盔甲、装饰品、化石、骷髅，木乃伊和莫卧儿画作等。该博物馆由印度加尔各答的孟加拉亚洲协会于 1814 年创立。创始人是丹麦植物学家纳萨尼尔·瓦立池（图 1–8）。另外，伦敦的维多利亚和阿尔伯特博物馆、美国西点军校中的军史博物馆也是著名的早期的博物馆（图 1–9、图 1–10）。

图 1–8 早期的博物馆：1814 年创立的印度博物馆是印度最大和最古老的博物馆。

图 1–9 早期的博物馆：1862 年在伦敦的维多利亚和阿尔伯特博物馆举办的国际大展中介绍日本文化。

图 1-10 早期的博物馆：美国西点军校中的军史博物馆。

现代公共博物馆的出现

现代博物馆首先出现在西欧，然后逐渐传播到世界其他地方。第一批“公共”博物馆通常只有中产与上层阶级才能进入。早年间进入博物馆参观并不像如今一样容易，如大英博物馆于1759年向公众开放时，由于担心大量人群可能会对文物造成损坏，参观者必须提前以书面形式申请入场，而且每天只能接纳一定数量的参观者。随着大英博物馆的名声在19世纪变得越来越大，参观人数众多，涵盖了所有年龄组与社会阶层。特别是到了公共假期，更是一票难求。

阿什莫林博物馆（Ashmolean Museum）1677年由私人收藏家伊莱亚斯·阿什莫尔在牛津大学创立，尽管这个博物馆仍旧属于私人，但由于其面向公众开放，被人们公认为世界上第一个现代公共博物馆。这里的收藏品包括阿什莫尔亲自收集的藏品，其中还包括他的园艺师、旅行家兼收藏家约翰·特拉斯肯特父子的珍贵藏品。其收藏系列包括古董钱币、书籍、版画、地质标本和动物标本。该博物馆于 1683 年 5 月 24 日正式对外开放，首任馆长是博物学家罗伯·特普洛特。

法国最早的公共博物馆是巴黎的卢浮宫博物馆，于 1793 年在法国大革命期间开放，这是首次将前法国皇家收藏品面向全民免费开放。几个世纪以来法国历代君王们所收集的那些神话般的艺术珍品每 10 天中向观众开放 3 天（革命政府的新历法以 10 天的单位取代了法国共和党日历中的一周），同时政府还专门组建了国家艺术馆负责卢浮宫的管理。伴随着拿破仑一世对欧洲各大城市的征服，所到之处也对当地的艺术品进行了贪婪的劫掠，这使卢浮宫的收藏品在不断增加，组织任务也变得越来越复杂。1815 年拿破仑被击败后，他掠来的许多宝藏被迫陆续归还给原主人（也有不少未归还的）。尽管拿破仑雄心勃勃想成为世界文化中心的计划未能完全实现，但他那“让博物馆成为民族精神的象征”的博物馆理念却在整个欧洲产生了深远的影响。

对于早期来到欧洲的东方人来说，譬如中国和日本的访客，尽管他们对在欧洲所看到的博物馆着迷。但由于文化和语言的差异，他们对于当时建立博物馆的目的性与相关的博物馆学理念及术语还缺乏基本的了解，在掌握和寻找相应的中文或日文术语方面也存在着困难。19 世纪初的中国访客根据其所包含的内容为这些博物馆命名，如将有的博物馆翻译为“庭院宝藏”“某某绘画馆”“古玩店”“军事壮举大厅”或“包罗万象的花园”等。日本在 19 世纪 60 年代参加欧洲世界博览会时首次遇到西方博物馆机构，他们的一位代表竟然将大英博物馆描述为 Hakubutsukan（广博的物件集合）——这个译法竟然最终成为了日本“博物馆”的官方名称。而中文的博物馆一词也来自日本的这一译法。

随后，作为世界新兴力量，不断创造出新文化、新知识的美国也加入欧洲的博物馆行列，使博物馆事业更为兴旺。在 19 世纪末和 20 世纪初的这段时间通常被称为“博物馆时期”或“博物馆时代”。在此期间，在欧洲，尤其在美国掀起了一波博物馆的建设热潮。虽然大部分的美国博物馆（无论是自然历史博物馆还是艺术博物馆），大都致力于展示科学发现与艺术品陈列，但也有一些博物馆则热衷于效仿欧洲同行，专注于古典收藏品的开发，如古埃及、希腊、美索不达米亚和罗马的精品。当时有许多学者建议将更多的现代（19 世纪）博物馆规划列为政府的公民教育新战略的一部分，为了将群众纳入这一世界大战略，以前受到种种参观限制的私人博物馆被要求向公众开放。从此，文物珍品，特别是那些与高级文化相关的物品和文物，成为“社会管理新任务”的工具。在第二次世界大战开始之前成为美国创新研究主力的各大学博物馆也成为整个博物馆链条的组成部分，继续致力于建立研究与展示并举的馆藏体系。

20 世纪后期，在世界范围内曾发生过一场关于返还博物馆藏品的激烈争论，即将那些原属于不同国家和地区、宗教、种族的珍贵文化艺术品还给本来的创造者或拥有国。如在美国，一些美洲原住民部落和团体向有关部门广泛游说，要求遣返圣物和重新安置人类遗骸。1990 年，美国国会通过了美国原住民格雷夫斯保护和遣返法案，该法案要求联邦机构和联邦政府资助的机构将美洲原住民的“文化项目”归还给文化附属部落和团体。同样，许多欧洲博物馆藏品往往包括了大量通过帝国主义和殖民化掠夺得来的文物和收藏。最为瞩目的是一些历史学家和学者批评大英博物馆藏有来自埃及、希腊和中东的稀有文物，并呼吁尽快将这些文物返还。但正如大家都知道的事实是，这些争论到今天为止也并无任何结论。

现代博物馆的管理

现代博物馆的具体管理模式在很大程度上取决于该馆的规模，每个博物馆都有自己的一套管理体系。一般而言，董事会为最高决策单位，馆长由董事会任命并负责管理具体事务。馆长与董事会共同确立并履行博物馆的使命，并确保博物馆对公众负责。董事会及所有成员共同确立该博物馆的基本政策与体系架构，这些标准文件包括机构设置、战略计划、道德规范、章程与展品征集政策等。较大型的博物馆联盟，如美国博物馆联盟（AAM），还会制定出一系列统一规范标准或专业指导意见，以帮助指导博物馆的标准化管理。然而，由于财力的限制导致许多小型的地方博物馆却常常缺乏这种专业化的指导，因为它们首先需要获得博物馆联盟的认证，并达到每年不低于一定数额的年度预算。

根据博物馆专业人士的说法，“博物馆管理需要具备多种管理技能，如危机公关、人际关系、预算管理、员工监督与绩效评估等。管理者还必须制定出法律和道德标准，保持与博物馆界的联系并积极参与其组织的业界活动”。所有博物馆员工都应该共同努力实现博物馆的目标，执行董事会制定的政策与规则。以下是博物馆常见的职位列表。

● **董事会（Board of Trustees）** 董事会是博物馆的最高领导，董事会成员集体为博物馆制定标准和政策，负责确保博物馆的财务与管理规则，董事会成员经常参与博物馆的筹款活动并负责重要岗位的人事任免。

● **馆长（Director）** 馆长一般由专业人士担任，是博物馆的全权代表。董事会透过馆长的具体领导，对博物馆进行管理与指导。馆长与各部门员工密切配合，确保博物馆顺利运行。

● **策展人（Curator）** 策展人是展览背后的智力驱动因素。他们研究博物馆的收藏和焦点话题，制定展览主题，并发布针对公众或学术观众的展览信息。较大型的博物馆会有多个策展人分别负责各个不同的领域。例如，亨利·福特博物馆有一位运输策展人、一位公共生活策展人与一位装饰艺术馆策展人等。

● **藏品管理员（Collections Management）** 藏品管理员们主要负责各种与藏品直接接触的实际操作，如移动和存储等，他们也同时负责藏品收集过程中的运输等事务。

● **注册管理员（Registrar）** 注册管理员负责所有藏品的档案工作。他们负责藏品的所有技术资料、相关记录、保险及被批准的借出与归还等。与收集相关的法律问题通常也由注册管理部门处理。

● **教育专员（Educator）** 博物馆的教育部门负责博物馆的教育推广。教育专员的职责包括为儿童与成人设计专门的或具有针对性的参观活动、教师培训、课堂开发与拓展继续教育资源、社区巡回展与志愿者的管理等。教育专员不仅对外与公众合作，对内还与其他博物馆工作人员合作进行展览的准备与项目开发。

● **展览设计师（Exhibit Designer）** 展览设计师负责展览的设计与现场布展的实施。他们首先提出概念设计，然后根据各部门的反馈意见逐步对设计方案进行深化与调整，最终在特定的展览空间指导施工团队完成布展。极少数博物馆拥有自己的专职设计师，大部分展览都聘请专业展览设计公司进行设计。

● **修复技师（Conservator）** 修复部专职文物的养护与修复工作。他们不仅要将藏品保持在目前的状态，还担负着如何保持文物状态的稳定性与如何最大限度将文物恢复到早期样貌等课题的研究专门课题进行研究。

博物馆常见的其他职位还包括：行政办公人员、摄影师、图书管理员、档案管理员、场地管理员、志愿者协调员、安保人员、市场营销人员、会员管理、礼品店经理、公关人员以及美编师等。在较小的博物馆，工作人员经常担任多个角色，必要时也可由承包商执行。

博物馆的规划

博物馆的规划首先需要明确该博物馆的目的与使命，同时对地点与藏品空间进行规划。“博物馆规划”这一专业最初是由美国的博物馆创始人兼图书管理员约翰·达纳（John Cotton Dana）创立的。20世纪初，达纳在他的一系列著作中详细介绍了建立纽瓦克博物馆的过程。他建议，博物馆的潜在创始人首先需要成立一个委员会，向有关部门与社区进行咨询，逐步明确这个博物馆的目的与功能，以及为本城市或社区能够带来什么。根据达纳的说法，博物馆应根据社区的需求进行规划：“新博物馆……不应以盲目的教育为基础。它首先应该反映社区的生活和文化，倾尽精力收集展览所需的一切材料，并使该材料以最有效的手段与方式广为传播。”

博物馆的建筑规划与设计风格因其所收藏的内容而异，但从根本上来讲，首先要明确的建馆目标是：在一个公众可以轻松进入的空间里，身临其境地欣赏并能够与陈列的展品进行情感上的交流。这一最基本的博物馆理念来自达纳，在博物馆的规划中，他对博物馆的位置与选址尤为重视，对那些地处郊外，公众不容易进入的地区，特别是对那些需要改建的阴暗老旧建筑一直持有特别谨慎的态度。

博物馆是否可以为参观者提供便利的参观条件，在今天仍旧是一个问题。尽管许多博物馆尽了最大努力使其建筑、陈列与收藏比过去更公开和便于参观，但并非每个博物馆都做到了这一点。事实上，世界上的许多博物馆中所陈列的展品只是其全部收藏的一小部分，而大部分藏品通常被锁在安全的仓库中，大多数普通参观者可能永远也没有机会看到。21 世纪博物馆的开拓性尝试之一就是“开放性收藏”，一种开放式的藏品存储，即仓库成为展陈的一部分。布鲁克林博物馆的露丝艺术中心（The Brooklyn Museum's Luce Center for American Art）率先践行了这种开放式存储。在那里，公众可以看到仓库中没有公开摆放的展品，尽管这些展品可能没有详细的说明标签和精美的陈列装饰（图 1–11）。然而，对于这种开放式收藏的方式仍旧其说不一，尚在探索与辩论当中。

图 1–11 博物馆的规划：为充分利用博物馆的有限空间，布鲁克林博物馆的露丝艺术中心率先践行了开放式存储，公众可以在这里看到仓库中没有公开摆放的展品。

现代博物馆与传统艺术博物馆相比，二者明显具有不同的特质。一般来说，传统艺术博物馆侧重于客观展示性，而各种现代博物馆则更具有主观叙事性。后者更注重主题策展，更强调展陈的体现形式，包括图像、音频和视觉效果以及交互式的总体展览空间的设计等。现代博物馆的建立始于一系列博物馆规划，这个过程包括确定博物馆的愿景以及实现这一愿景所需的资源、组织和经验、可行性研究、设施分析与各种专业审批都是博物馆规划过程中不可或缺的环节。

有些博物馆本身并没有多少藏品，或只拥有数量有限的文物，甚至并不一定称自己为博物馆，但它们却拥有特殊的使命：如洛杉矶的格里菲斯天文台与费城的国家宪法中心，这两座“博物馆”中的文物很少，却以大量的信息向参观者叙述生动的历史故事，这种纪念与教育的功能是一般博物馆不能替代的。相比之下，位于首都华盛顿的犹太大屠杀纪念馆除了同样具有特殊的历史意义外，同时也在这座难忘的纪念馆中陈列了大量的文物。

博物馆的经济价值

近年来，世界许多城市的博物馆已陆续成为当地的文化名片并成为经济创收的手段之一，这一现象在发达国家的城市中尤其如此。例如，建于西班牙毕尔巴鄂地区的古根汉姆博物馆（图 1–12），这一项目是巴斯克地方政府为振兴该市破旧的港口地区而采取的重要举措。在规划初期，这个修建计划曾由于建筑费用庞大（政府出资 1 亿美元）而遭到当地民众的抵制，但经过地方政府的种种斡旋和努力，终于将这一雄伟的文化地标成功建成。这一近乎赌博的规划最终为巴斯克市带来了巨大的经济回报：仅 2015 年就有 110 多万人参观了该博物馆。这时大家惊奇地注意到，参观博物馆的外国游客人数众多，63% 的游客来自西班牙境外。古根汉姆为毕尔巴鄂赚来了国际声誉，并随后为这一地区带来了多笔海外投资。另一个案例是位于北爱尔兰首府贝尔法斯特的泰坦尼克纪念馆的建造（图 1–13），它位于曾经建造了著名的泰坦尼克号邮轮的造船厂原址，其修建价格与西班牙古根汉姆博物馆相同。这座博物馆于 2012 年即泰坦尼克号处女航

100 周年纪念日开馆。最初预计每年接待游客数量为 43 万人，但第一年游客人数就超过了 80 万人，其中有近 60% 的参观者来自北爱尔兰以外地区。

图 1-12 博物馆的经济价值：建于西班牙毕尔巴鄂地区的古根汉姆博物馆是巴斯克地方政府为振兴该市破旧的港口地区而采取的重要举措。

图 1-13 博物馆的经济价值：位于北爱尔兰首府贝尔法斯特的泰坦尼克纪念馆，此馆的建造也为城市的振兴做出了贡献。

这些博物馆项目的成功，证明了城市与地方政府“将博物馆用作文化经济驱动力”的预想的正确，但这一政策依然遭到了一些博物馆活动家与当地部分人群的非议，尤其在那些比较重视文化传统的发达国家，许多热衷于这种做法的城市都曾发生过公众反对将博物馆变为廉价的吸金旅游点的抗议活动，他们反对以这种市场方式将博物馆庸俗化。而支持这一市场化政策的一派则坚持认为，只要博物馆能赢得数量众多的观众，反对的声音就会削弱，就像在西班牙的毕尔巴鄂那样，古根汉姆博物馆的巨大成功终于彻底平息了一度甚嚣尘上的反对声浪。当然也有许多不成功的例子，投入与经济效益并不匹配，因此至今也有学者认为，“要求博物馆帮助政府解决政治与经济问题，无异于将博物馆置于不可避免的失败地位，也会让我们的观众不可避免地失望”（史蒂夫·康语，迈阿密大学历史学教授）。

博物馆的设计

首先需要明确指出，博物馆的设计分为两大部分：建筑设计与展陈设计。展陈设计是本书的重点，但展陈设计也往往包括建筑空间内部的设计与改造。

大多数中型以上的博物馆都会聘请专业展览设计人员进行平面与三维环境空间的展陈设计。除了传统的建筑师、二维和三维设计师外，设计团队还可能会包括视听专家、软件设计师、受众研究与评估专家、作家、编辑、制作人或各种特殊艺术人才。除了这些设计人员外，还会雇佣大量的工程与制作人员负责监督合同设计与生产服务。通过对展览大纲的理解和分析，确定最有效、最有吸引力和最恰当的传达信息或讲述故事的方法。从概念计划到深化设计、技术体现、合同文档、制作、安装、验收与修改等一系列设计流程，最终竣工完成。

展览设计具有多种独特的手法和理论，其中最为惯用的是通过实物或比喻两种手段来进行叙述。特别是隐喻手法（又可译为转喻），即以一种形象代表某种含义的艺术表现形式。许多现代博物馆都采用了这种设计手段，大家公认的最具影响力的成功范例就是位于华盛顿特区的犹太大屠杀博物馆。

例如，华盛顿特区的美国大屠杀纪念博物馆中的“遇难者的鞋”就是一个鲜明的代表。这是成百上千双堆放在裸露的灰色混凝土墙下的一堆腐烂的、大屠杀遇难者们留下的皮鞋。展览在很大程度上就是通过使用这种隐喻手法使观众自然产生强烈的情感与感官反应来加深对展览的印象。这个设计故意弱化了遇难者的个体身份，代之以用各种不同型号的鞋来代表不同性别与年龄的遇难者群体，将他们化作整个的遇难群体来强化这场属于全人类的灾难。隐喻是一种非常强大的设计手法，它可以通过观众熟悉的东西或场景唤起他们类似的记忆并激发他们对这场人类灾难的想象（图 1–14）。

图 1–14 博物馆的设计：美国大屠杀纪念馆的“遇难者的鞋”，隐喻是一种非常强大的设计手法，它可以通过观众熟悉的东西或场景唤起他们类似的记忆并激发他们对这场人类灾难的想象。

隐喻虽然是一种强有力的手法，但在整个展览中必须有节制地使用，否则会影响展览的真实性，尤其会使个体的记忆与痛苦在整体的合唱中消失。因此大多数博物馆都使用真实的文物与隐喻性的艺术手段并列。

展示真实文物背后的基本理念是不仅要为展览的历史叙事提供合法性，而且有时还会让叙事更加生动。这种实物展示手法背后的理论是以中性的方式展示文物，通过文物本身的真实性来加强叙事的权威性。但使用真实的文物时必须要注意叙事的连贯性，在展览中文物并不是互不相关的单独的个体，博物馆的设计要保证画面的完整性。对那些拥有海量藏品与细节片段的展览，连贯和完整设计是否合理与否的重要指标。精心设计的展览应该视文物为叙事的基础，而不是展览的全部，任何尽职尽责的策展人都应该记住这一点。

有趣的是，一些博物馆学者甚至开始质疑博物馆是否真的需要文物，他们暗示现在所有博物馆中的文物变得越来越少，因为它们正在逐渐被互动技术所取代。尤其随着教育功能在博物馆中不断发展，大量的真品收藏已经逐渐消失。人们或许不应将这一现实视为一种消极的发展趋势，有学者认为，绝大部分参观者并不在意是否看到真品，真品应当存于档案库中，供那些真正需要见到它们的学者或学生参观。这种现象目前在各国的科学博物馆中尤为普遍，即便是历史与人文类的博物馆中，大量使用仿制品也极为常见，如著名的英国维多利亚与阿尔伯特博物馆（图 1–15）。

图 1–15 博物馆的设计：博物馆中的展品有时并不是原件，大量使用仿制品也极为常见，如著名的英国维多利亚与阿尔伯特博物馆。

博物馆的类型

博物馆的类型各不相同，从大型综合博物馆到聚焦于特定主题、地点或名人的小型展馆，类别包括：美术、应用艺术、工艺、考古学、人类学和民族学、传记、历史、文化、科学、技术、儿童、自然历史、植物和动物园等。在这些类别中，还可以进一步细化，例如艺术博物类中还包括现代艺术博物馆、古典画廊、民俗艺术；历史类博物馆中包括军事历史、航空历史、集邮、农业或地质学等。另一种类型的博物馆是百科全书型博物馆。百科全书型博物馆通常被称为综合博物馆，其收藏品来自全世界，通常包括艺术、科学、历史和文化历史。博物馆的类型与规模反映在其收藏中，它所展示的核心展品通常为某一特定领域中最典型、最珍稀的藏品。

建筑博物馆：建筑博物馆是专门向游客介绍建筑和各种相关领域的展馆，通常包括城市设计、景观设计、室内装饰、工程和历史保护等。此外，许多艺术博物馆或历史博物馆有时也将博物馆的部分章节用于展示某一特定时期的建筑内容。国际建筑博物馆联合会（ICAM）是建筑博物馆的主要全球组织，其成员包括几乎所有专门从事这一领域的大型博物馆，以及提供常设展览或专门画廊的机构。

建筑博物馆主要致力于传播有关建筑的知识，但同时也可以扩展到其他相关领域，如城市规划、景观、基础设施，以至于传统的历史或艺术研究以及任何有关建筑的临展。但是建筑博物馆在世界范围内是一种不太常见的类型，部分原因是建筑本身的巨大体量难以成为可供陈列的收藏品，除了建筑模型与图片（图 1–16）。

华盛顿特区的国家建筑博物馆是一个私人经营的机构，由国会授权于 1980 年创建，是美国最著名的公共建筑博物馆。除了建筑展品和收藏品外，博物馆还致力于向公众传播工程设计方面的知识。具有代表性的大型建筑博物馆是位于芝加哥的雅典娜建筑博物馆，是一个有关国际建筑和设计的主题博物馆，它成立于 1988 年。它在意大利、希腊、德国和爱尔兰还设有办事处和分

图 1-16 博物馆的类型（建筑）：匈牙利建筑博物馆。

馆。除了建筑设计以外，还包括了更广泛的展示范围，如现代家电与平面设计等（图 1-17）。

图 1-17 博物馆的类型（建筑）：位于芝加哥的雅典娜建筑博物馆，一个有关国际建筑和设计的主题博物馆。

坐落在马里兰州弗雷德里克的 Schifferstadt 建筑博物馆是一座历史悠久的建筑，建于 1758 年。这是一座德国早期移民修建的房屋，除了向公众介绍其 18 世纪的德美风格建筑外，它还向参观者介绍了更广泛的历史背景，包括法印战争以及该地区最早的德裔美国移民等主题。这座小型博物馆也是这一地区历史建筑保护与修复的良好典范（图 1–18）。

图 1–18 博物馆的类型（建筑）：介绍德国早期移民的 Schifferstadt 建筑博物馆。

考古博物馆：考古博物馆专门展示考古文物。许多都设在户外或考古现场，如雅典集市和罗马广场（图 1–19）。通常的室内考古博物馆则专门展示在考古遗址中发现的文物，如西澳大利亚博物馆，展出海洋考古发现。该博物馆特别在它侧翼的海难博物馆设置了一个沉船展厅，其他富有创意的展陈装置还包括一条探索水下沉船的神秘小径（图 1–20）。

图 1-19 博物馆的类型（考古）：户外的古代遗迹或考古现场通常被视为博物馆的另外一种形式，如著名的罗马广场。

图 1-20 博物馆的类型（考古）：西澳大利亚博物馆里展出的海洋考古发现。

艺术博物馆：艺术博物馆，也被称为艺术画廊，是艺术展览的空间，通常以视觉艺术的艺术品为主，主要是绘画与雕塑。草图、素描与版画等较小幅的作品通常被保存在展柜或库房中。艺术博物馆的馆藏还可能包括各种其他类型的艺术品，如陶瓷、金属器件、家具、典籍等。现代装置及音视频艺术也有可能成为一些博物馆机构的收藏品或在现场展示与播放。

欧洲第一家公共博物馆是巴塞尔的阿莫巴赫阁，最初是 1661 年出售给私人的收藏品，现成为巴塞尔艺术博物馆。牛津的阿什莫林博物馆于 1683 年开放，成为世界上第一所大学艺术博物馆。佛罗伦萨的乌菲兹美术馆最初是为佛罗伦萨政府的办公地而设计，但后来却变成了一座博物馆。著名的美第奇家族没落之后，艺术珍品仍然留在佛罗伦萨，也成为最早的艺术博物馆之一，自 16 世纪以来，该博物馆一直向有限的人群开放并于 1765 年正式向公众开放。

专业的艺术博物馆被认为是一个相当现代的发明。1764 年由凯瑟琳女王建立的圣彼得堡的冬宫，1852 年向公众开放。法国大革命之后不久，建于 1793 年的巴黎卢浮宫，这一皇家宝藏归人民所有。从那时开始，艺术收藏品开始从贵族与富人的私人领域转移到公共领域，成为提高公众品味和文化修养的教育场所。

与上述古典艺术博物馆平分秋色，甚至更为受到当代关注的是为数众多的现代画廊，其中最为著名的如纽约的现代艺术博物馆、伦敦的泰德现代艺术馆等（图 1–21、图 1–22）。

传记博物馆：传记博物馆为纪念某位或多位著名人物而建，并在此陈列与收藏与这些人物有关的物品与文献的纪念场所。许多传记博物馆都建在与被纪念者曾经关系密切的场所或进行过重要活动的场所甚至故居（例如位于纽约长岛的沙卡莫山的老罗斯福总统故居纪念馆和位于罗马西班牙广场的英国浪漫派诗人济慈和雪莱纪念馆）。传记博物馆除了收藏名人的传记资料外，在一些故居中，有时还包括该著名人物所从事的专业（事业）的介绍，以及其曾经拥有的重要藏品。这样的例子如伦敦惠灵顿公爵纪念馆，在他昔日的宅邸里除了展出他的传记与文物外，还有他

图 1–21 博物馆的类型（艺术）：纽约现代艺术博物馆。

图 1–22 博物馆的类型（艺术）：伦敦的泰德现代艺术馆。

曾经收藏的世界著名画作。其他此类博物馆还有美国历届总统图书馆，这是美国政府为每一届卸任总统在其故乡修建的纪念馆（根据传统，这些纪念馆均被命名为图书馆），以纪念与表彰他们为国家所做的贡献（图 1–23、图 1–24）。

图 1–23 博物馆的类型（传记）：美国政府为每一届卸任总统在其故乡修建的纪念馆，根据传统，这些纪念馆均被命名为图书馆，此为罗斯福图书馆。

图 1–24 博物馆的类型（传记）：小布什图书馆，中间的雕塑是一片“911”事件中遗留的建筑残骸。

交通博物馆：以交通为主题的博物馆。其实交通类博物馆的涵盖范围非常广泛，但一般而言主要涉及陆路交通，包括各种人类所使用的交通工具，如公路、铁路、运输网等。航空与航海在博物馆序列中单独另表。粗略统计，全世界的汽车博物馆数量上千，仅美国就有规模不等的汽车博物馆 180 余家。这些汽车博物馆一直是车迷、收藏家、爱好者与家庭的挚爱。相较于其他博物馆，尽管汽车的历史仅有百余年，却拥有大量的忠实爱好者，他们像热爱艺术收藏一样热爱汽车。随着时间的推移，越来越多的博物馆致力于过去的经典汽车的收藏与展示。它们有些是非营利性的，有些则是私营企业（图 1–25）。

图 1–25 博物馆的类型（交通）：瑞士卢塞恩交通博物馆，图为隧道挖掘盾构机的刀盘。

儿童博物馆：儿童博物馆是以展览馆的形式为青少年及儿童提供课外学习与特殊经历的场所。与传统的博物馆相比，儿童博物馆通常实行放手政策（Hands–off policy 即非灌输性的说教），其特色是设置众多的互动展项，让孩子们亲自做。支持这一实践的理由是——互动可以像教学一样具有教育意义，特别是在儿童早期。大多数儿童博物馆都是非营利组织，许多都是由志愿者或数量极少的专业人员经营。

布鲁克林儿童博物馆由布鲁克林艺术与科学学院于 1899 年建立。它被认为是美国第一个少儿博物馆。布鲁克林儿童博物馆的发言人认为，大多数现有的博物馆的设计并没有考虑到少年儿童的需要。虽然现代的博物馆已将自己视为公共教育机构，但他们的展品却并不适合少年儿童，如千篇一律的展陈设计模式，展台过高和过于专业的教科书式的语言，等等。此外，禁止触摸展品等种种限制也在很大程度上影响到这些小观众们的参观热情。

儿童博物馆通常通过互动方式强调体验式学习，这种特性往往导致在一些儿童博物馆中甚至完全见不到陈列的“展品”。早期儿童博物馆的发展源于以静态的展品陈列为主的自然历史博物馆与科学博物馆，但在20世纪的发展过程中，儿童博物馆开始逐渐减少静态展陈，转而采用更具互动性的展品（图1–26、图1–27）。

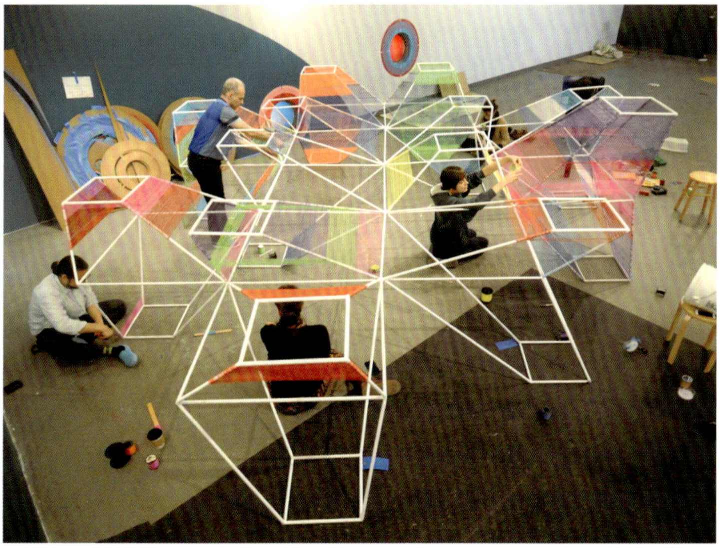

图1–26 博物馆的类型（儿童）：纽约的布鲁克林儿童博物馆的参与活动。

图1–27 博物馆的类型（儿童）：美国亚特兰大儿童博物馆。

与19世纪博物馆相比，越来越多的现代博物馆选择少而精的原则，文物等收藏已不是博物馆价值的唯一追求，博物馆作为文化机构，更多关注的是其所承担的社会职责与教育功能，儿童博物馆尤其如此。

百科全书（综合）博物馆：百科全书（综合）博物馆通常是一个庞大的机构，主要指各国的国家博物馆，它们为参观者提供各种主题的信息，这些主题分别讲述本国、本民族、本地或全球的故事。百科全书（综合）博物馆的目的是为来自不同文化背景的参观者提供全方位的文化解读，展品丰富且具有权威性。大英博物馆馆长尼尔·麦格雷戈是百科全书博物馆的坚定倡导者，他指出，百科全书博物馆通过将博物馆参观者暴露于世界文化中，强调多元文化，对社会有利，从而产生共同的人类历史感。然而，也有一些学者和考古学家对百科全书博物馆持有异议。他们坚持文化的传承与排他性，反对将多元文化融为一体，这样会将文物从其原始文化背景中移除，失去了它们所产生的特定文化背景（图1–28）。

图1–28 博物馆的类型（综合）：伦敦大英博物馆中庭的新天棚。

民族与人类学博物馆：民族学博物馆是一种专注于研究、收集、保存和展示有关民族学和人类学的历史文物和艺术藏品的博物馆。这类博物馆通常建在拥有不同种族群体或大量少数民族的国家或特殊地区。这类博物馆中较为有名的如格鲁吉亚奥祖尔盖蒂历史博物馆和美国佐治亚州的民族志博物馆等。

奥祖尔盖蒂历史博物馆是一个位于格鲁吉亚共和国古里亚地区的历史民族志博物馆，也是该地区最大的博物馆，收藏了新石器时代的藏品，早期、中期和晚期青铜时代科尔提亚文化的独特例子，铁器时代的墓地库存，古代银器和金色物品，钱币（亚历山大大帝的金币，科尔希亚银币，土耳其硬币，独特的欧洲银币），民族志（19 世纪的工作和生活对象、美术），具有历史价值的档案书籍等。如今的博物馆包括 6000 多件展品，可追溯到公元前 9 世纪至今（图 1–29）。

图 1–29 博物馆的类型（民族）：奥祖尔盖蒂历史博物馆，位于格鲁吉亚共和国古里亚地区的历史民族志博物馆。

历史博物馆：历史博物馆主要讲述历史并具有解释当代与预测未来的功能。有些涉及特定专项领域的历史或聚焦于某些特定地域。历史博物馆包含各种各样的藏品，包括文件、各种文物、艺术品、考古物品等。

最常见的历史博物馆往往建在著名的历史建筑中，地方和国家政府也经常将这些具有文物价值的建筑辟为博物馆。世界上有许多历史题材的国家博物馆，如美国国家历史和文化博物馆。当然也有一些现代建筑的历史博物馆，如东京江户博物馆。历史遗址也可以作为博物馆，如华盛顿特区福特剧院博物馆。美国国家公园管理局将历史遗址定义为“重大事件、历史人物的职业和活动所在地及建筑物，无论现存、毁坏还是消失，无论现有结构的价值如何，地点本身都具有历史、文化与考古价值”。

除了讲述国家或地方历史的博物馆外，各地还有许多特殊的历史博物馆，如圣路易斯的布鲁斯音乐博物馆（图 1–30）、纽约市国家购物中心的国家妇女历史博物馆，甚至是国家同性恋博物馆等。

还有一种有趣的类型是活的历史博物馆。这种博物馆往往与旅游地点相关联，室内建筑与露天场地结合，其中还包括身穿历史服装的演员，全景复原历史的场景。例如，弗吉尼亚州占地 301 英亩的威廉斯堡就是一个这样的活的历史博物馆，它有趣地再现了 18 世纪美国独立战争前夕的殖民地。这座博物馆包括数百座建筑物，有些建筑是原物，但大部分为重建（图 1–31）。

图 1–30 博物馆的类型（历史）：位于美国圣路易斯的布鲁斯音乐博物馆。

图 1–31 博物馆的类型（历史）：弗吉尼亚州占地 301 英亩的威廉斯堡博物馆，有趣地再现了 18 世纪美国独立战争前夕的殖民地文化。

航海博物馆：航海博物馆是专门介绍航海历史、文化或考古学的博物馆，它们探索社会与人之间的关系（图 1–32、图 1–33）。正如各种各样的博物馆类型一样，海洋博物馆也有许多不同的类型。一类是海洋博物馆，以考古学为主，这些博物馆可能侧重于对海洋环境的介绍或对海难的调查。另一类是航海历史博物馆，致力于教育公众对人类航海史的了解，例如旧金山海运国家历史公园和神秘海港。以军事为重点的海洋博物馆是第三种，“爱荷华号”战列舰博物馆就是典型的此类博物馆之一（图 1–34）。

图 1–32 博物馆的类型（航海）：丹麦哥本哈根航海博物馆。

图 1–33 博物馆的类型（航海）：巴塞罗那航海博物馆。

图 1–34 博物馆的类型（航海）：“爱荷华号”战列舰博物馆。

医学博物馆：医学博物馆现今已被纳入科学博物馆的展览范畴，除了几个显著的例外，比如费城的穆特尔博物馆和苏格兰格拉斯哥皇家外科学院的亨特尔医学博物馆等。医学博物馆的起源可以追溯到文艺复兴时期的古董柜，这些古董柜经常展出人体骨骼和其他诸如药材等实物。医生和药剂师利用这些设施展出他们收集的标本，作为他们专业活动的一部分，在教育学生的同时，也提高了他们在同行中的声望。16 世纪后期，由于医学界更加重视医学的教学与实践，医学收藏成为医学教育的一个基本组成部分。17 世纪出现了长期保存软组织样本的新发展，到了 18 世纪中叶，像约翰・亨特这样的医生率先将解剖学收藏作为教学工具。19 世纪初，大不列颠的许多医院和医学院都建立了相当规模的教学馆藏。在美国，早在 1762 年，费城的宾夕法尼亚医院就已经收集了关于怀孕各个阶段的石膏模型作为展品。

19 ~ 20 世纪初是医学博物馆的鼎盛时期。作为医学教育的重要组成部分，干、湿解剖标本、石膏、素描、油画和照片等成为医学解剖学的有效手段。但到了 20 世纪 20 年代，医学博物馆开始逐渐衰落。医药学现在已成为各科学博物馆中的一个分支（图 1–35、图 1–36、图 1–37）。

图 1–35 博物馆的类型（医学）：位于苏格兰格拉斯哥的亨特尔医学博物馆。

图 1-36 博物馆的类型（医学）：拉斯维加斯的人体艺术馆（临展）。

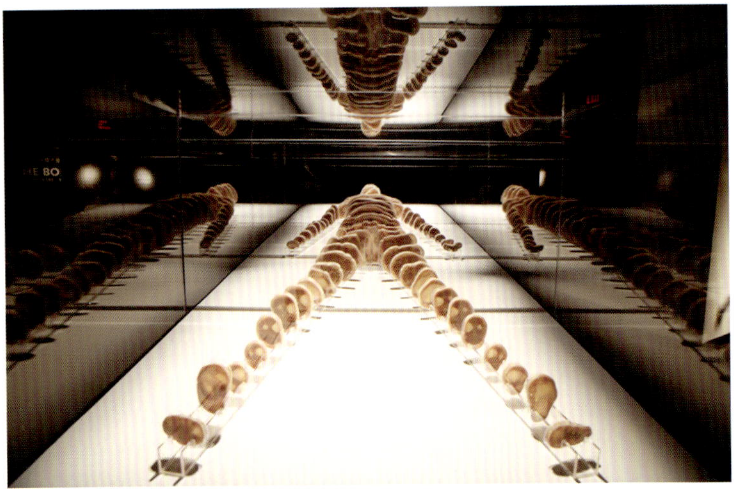

图 1-37 博物馆的类型（医学）：拉斯维加斯的人体艺术馆（临展）。

纪念馆（纪念地）： 纪念馆是专门用于教育公众并纪念某一特定的历史事件的场所，通常涉及大规模的苦难。这一概念在整个 20 世纪得到了广泛的响应，以回应在那个世纪中所犯下的大规模暴行。纪念馆所纪念的事件往往涉及平民受害者，他们并不是英雄而只是受难者。建立这样的纪念馆的主要目的除了怀念，更重要的是警示后人，同样的悲剧绝不可重演。

此类纪念馆在世界上有很多，包括美国的“911”国家纪念博物馆、犹太大屠杀纪念馆、柬埔寨大屠杀博物馆、南非开普敦第六区博物馆等。虽然此类纪念馆是一个 20 世纪的产品，但也有些例外，如塞内加尔的黑奴贸易博物馆（联合国教科文组织世界遗产）则聚焦于其他时期。

纪念馆与传统历史博物馆有着明显不同的特点，最突出的是纪念馆具有双重教育功能，即道德批判与历史教育。而传统的历史博物馆只是作为一个中立机构，注重知识的传授与普及。纪念馆通常坐落于场景之中，被特定的氛围环绕。纪念馆的全部意义在于纪念，它们与现存的社会具有紧密的联系，如受害者的家庭成员、受迫害种族或某一特定的群体。凡此类纪念馆都有一个相同的特点：以一句话作为纪念馆的标志并以此警示后人。如下面的话就是代表了犹太大屠杀纪念馆的使命：向世人揭示悲剧，保护受难者的记忆，引发参观者对大屠杀事件的反思，思考自己作为公民的道德与道义之责（图 1–38、图 1–39）。

图 1–38 博物馆的类型（纪念地）：纽约“911”国家纪念博物馆。

图 1–39 博物馆的类型（纪念地）：纽约“911”国家纪念博物馆外的水池。

军事与战争博物馆：军事博物馆专门研究军事历史。它们通常是从国家的角度出发，围绕该国参加的冲突或曾经发生过的内部战争组织展览。展览通常包括武器装备、制服、战时宣传、战时平民生活等。军事博物馆可以专用于某一特定战争或地区，如主要讲述皇家空军战史的英国皇家空军博物馆（图 1–40）、专门讲述装甲车与坦克的德意志装甲博物馆、描述间谍活动的国际间谍博物馆、第二次世界大战期间空降的 D 日伞兵历史中心（诺曼底），以及美国密苏里堪萨斯城的第一次世界大战博物馆等（图 1–41）。

图 1–40 博物馆的类型（军事与战争）：英国皇家空军博物馆。

图 1–41 博物馆的类型（军事与战争）：位于密苏里堪萨斯城的第一次世界大战博物馆。

自然历史博物馆：自然历史博物馆和自然科学博物馆关注的焦点是自然和文化，展示有关自然世界的展品。向公众尤其是青少年观众普及推广有关自然史、恐龙、动物学、海洋学、人类学的知识。生物的多样性与进化、环境问题等是自然科学博物馆主要探索领域。著名的自然历史博物馆包括伦敦自然历史博物馆（图 1–42）、牛津大学自然历史博物馆、巴黎自然历史博物馆、华盛顿史密森学会国家自然历史博物馆、美国纽约的自然历史博物馆，以及加拿大渥太华和安大略省的自然博物馆等（图 1–43）。

图 1–42 博物馆的类型（自然历史）：伦敦自然历史博物馆大厅里的蓝鲸骨骼。

图 1–43 博物馆的类型（自然历史）：渥太华自然历史博物馆。

露天博物馆：露天博物馆属于一种大型户外场所，大多由原始或重建的旧建筑物与相应的展览构成。它们通常与专门打造的景观环境融为一体。最早的露天博物馆典型是挪威奥斯卡二世在挪威奥斯陆附近的一处特别收藏，它于 1881 年对外开放，后被并入诺斯克民俗博物馆。1891 年，受参观这处露天博物馆的启发，瑞典博物馆学家阿瑟·哈泽利乌斯在斯德哥尔摩创立了斯堪森博物馆（图 1–44），他从全国各地搜集了 150 所旧房子，在各地拆解后又一砖一瓦地运到斯堪森重新搭建，该博物馆后来成为最著名的露天博物馆，成为展示工业时代前北欧地区生活的窗口。20 世纪 70 年代由法国率先兴起的生态博物馆的最初灵感也来源于早期的露天博物馆（图 1–45）。

图 1–44 博物馆的类型（露天）：瑞典斯堪森博物馆。

图 1-45 博物馆的类型（露天）：法国雷恩生态博物馆。

科技博物馆：科学与技术博物馆围绕着科学成就、科学奇迹及其科技史的相关内容而展开。科技博物馆的使命是解释复杂的发明，通过展陈、演示、交互程序与媒体等手段向公众传输知识。这些科技馆的收藏通常也会有所侧重，如计算机科学、航空、铁路、物理学、天文学或动植物等不同的主题。

科技博物馆也同样强调文化与遗产，它可以说是文艺复兴时期的“奇迹柜”的传承。这些早期的科学收藏代表了人类对收藏的一种迷恋，这种迷恋产生于 15 世纪，源于文艺复兴时期人类文化与科技发明的大爆炸，从而需要对这些珍贵的遗产进行有效的管理与传播，探索出一条更加系统有效的交流形式。科技博物馆是当时最权威与无可争辩的知识机构，是一个“收集、观看和了解”的所在，是“任何人”都能来调查科学证据的地方。到了 19 世纪，科技博物馆更加繁荣，并且拥有了更强大的展示能力，丰富多彩的展览手段使世界变得直观和有序。到 20 世纪，科技博物馆的公共教育功能变得更加完善，它们在向公众揭示模糊的科学世界时，更加生动清晰。

多数科技博物馆与前面提到的儿童博物馆一样，会特别强调展览的互动性，也通常会设立一个穹顶演示厅，它可以像天文台一样，为观众提供 3D 或高清画质的视频演示。IMAX 电影内容为所有年龄段的人们提供了更为身临其境的体验（图 1-46）。

图 1-46 博物馆的类型（科技）：芝加哥科学与工业博物馆。

特殊主题博物馆：世界上存在着许多种不同主题的博物馆，如音乐博物馆，为纪念作曲家或音乐家的生活和工作；如俄亥俄州克利夫兰的摇滚名人堂和博物馆、圣路易斯的蓝调博物馆、俄罗斯圣彼得堡的里姆斯基－科尔萨科夫公寓博物馆、北京故宫的钟表馆等。

在亚利桑那州的格伦代尔，串珠博物馆讲述的是全球范围内对串珠的历史、文化和艺术意义的欣赏和理解，这些串珠和相关文物可以追溯到 15000 年前。在美国西南部的还有历史悠久的城镇，如汤姆斯通、亚利桑那州。这些历史城镇是许多“活历史”博物馆的所在地，游客可以在这些博物馆中从扮演历史人物的角色的演员那里了解某一历史事件，位于弗吉尼亚州的威廉斯堡殖民地就是一个致力于通过重演来保存美国故事的例子。

以青少年为对象的博物馆，例如世界许多地区的儿童博物馆或玩具博物馆，经常展出各种主题的交互与教育内容，例如西班牙的玩具博物馆。而美国棒球名人堂暨博物馆（图 1–47）、德国多特蒙德博洛西亚博物馆等都是体育主题类博物馆。康宁玻璃博物馆记述玻璃的艺术、历史和科学。国家犯罪与惩戒博物馆则探索解决犯罪的科学。位于美国肯塔基州丹维尔的美国玩具屋博物馆以缩微的方式描绘了美国的社会历史。毗邻斯图加特保时捷工厂的保时捷博物馆更是一座世界著名的单一主题性博物馆（图 1–48）。

图 1–47 博物馆的类型（主题）：美国棒球名人堂暨博物馆。

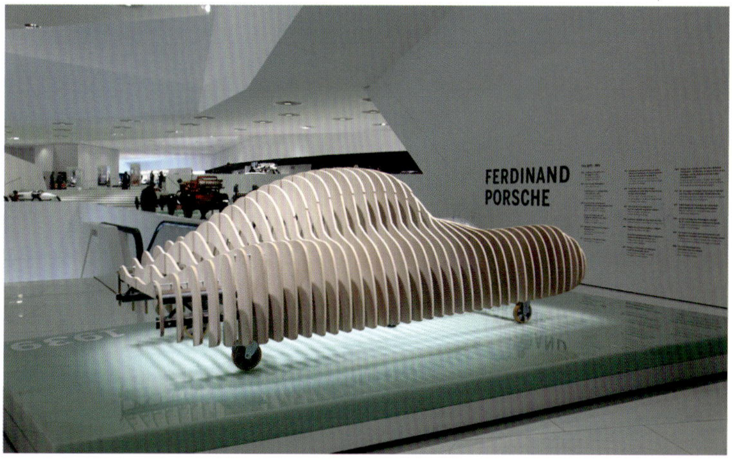

图 1–48 博物馆的类型（主题）：德国保时捷博物馆。

动植物博物馆：动物园和植物园通常不被认为是博物馆，但实际上它们也可被称为一种生命博物馆。它们具有与其他博物馆一样的存在的意义：教育、学习、激励、开发与馆藏，一些这样的园馆也同样设有展览馆供游客们参观。为参观者尤其是青少年提供有关动植物学的知识与相关的科普话题。

动物园与植物园是人们最喜爱的地方之一，它们的到访者人数甚至远远超过大部分普通博物馆。世界著名的动物园包括美国的圣地亚哥动物园、英国伦敦动物园、芝加哥的布鲁克菲尔德动物园、纽约的布朗克斯动物园、迈阿密海洋博物馆、辛辛那提动物园和植物园，以及瑞士的苏黎世动物园等。著名的植物园包括英国皇家植物园、巴黎的植物园、布鲁克林植物园、芝加哥植物园、台北植物园、悉尼植物园和加拿大的皇家植物园等（图 1–49、图 1–50、图 1–51）。

图 1–49 博物馆的类型（动植物）：悉尼植物园。

图 1-50 博物馆的类型（动植物）：苏黎世动物园。

图 1-51 博物馆的类型（动植物）：迈阿密海洋博物馆。

第二章 叙事·情境空间

博物馆的展陈设计是否合理与富有成效，首先取决于它的结构安排。如果在总体结构上出现问题，那么无论其细节多么精彩，也不可能将展出的主题清晰地传达给参观者。因此，为了提高策展与设计人员对此问题的重视，现代展陈设计理念将此重要议题生动地比喻为“叙事”或“讲故事”，就是说叙事的重点首先在于如何把故事讲得生动而清晰。在现代展陈实践中，依照年代顺序严格分类的传统做法已经逐渐让位于更加灵活的叙事结构法。就像一个好故事能够紧紧抓住观众一样，以叙事作为基本架构的展陈手法已经成为得到大多数人们认可的、能与观众进行有效沟通的一种新模式。

叙事空间避免了线性逻辑排列与百科全书式的结构，强调博物馆展示的结构差异与展线上的情绪节奏，营造空间创造中的情境化与多种多样的节奏和强度的把控；其结构可以按情节的需要而不是按时间顺序灵活排列，不必拘泥于严格的顺序。

叙事空间的创作过程大致分为三个阶段。第一阶段，在立项后着手进行的总体战略规划及故事的框架策划。此阶段策划不仅仅局限于展览本身，可能还包括其他宣传及公关手段，如网络、印刷及举办相关策划活动等。第二阶段，展品的整理与编组，以及总体区块与空间构成。按照第一阶段所设定的叙事结构，力求在各组展品间建立对话或逻辑架构，特别是围绕主题重心规划出需要强化的叙事重点。在这一阶段中还应根据展览的空间及内容的规模对参观的运动节奏与参观时间做出大概的预估。第三阶段，设计实施阶段，对前两阶段的工作进行细化。除了每一展区的空间安排，还具体到每件展品的摆放形式。

伦敦维多利亚和阿尔伯特博物馆中的“不列颠长廊”（英国卡森曼展览公司设计）的设计对丰富而杂乱的展品进行了大胆的编辑与重组。在这里，复杂的叙事通过一组组精心摆放的历史文物，使叙事变得直观易懂。观众融入其中，通过实物与简要文字说明与历史互动。此外，为了吸引更广泛的参观者，设计者还在文物展品间穿插一些新的展陈技术，这些技术亮点也为观众不时地带来意外的惊喜。

本章介绍的其他设计项目，如德国布鲁克纳公司（Atelier Brückner）设计的“泰坦尼克号”和美国RAA公司设计的“大屠杀纪念博物馆”等，都无一例外地充分运用新展陈理念，成功地将某一历史题材植入一个完整的叙事结构。其中，具有临展性质的“泰坦尼克号”对戏剧性展示进行了探索，它从真实的历史事件中挑选了若干个“角色”，并通过对他们的故事及周围环境的烘托，使观众对这段“最后的航程”进行了一次难忘的“亲历”。相反，令世人感到震撼的“大屠杀纪念馆”，则通过重述历史，通过原始和悲惨的历史事件，以未经过滤的真实历史片段证明了人类历史上曾经发生的暴行。

博物馆展陈的叙事设计理念强调观众的亲历感。所谓的体验设计也出现在商业领域，它专注消费者的个人感受，并被视为一个重要而有效的信息传递通道。展览如何最大限度地引起潜在的消费者的注意，并牢牢地将他们吸引，使他们乐意花时间在展览中流连忘返。许多成功的经验证明了一个行之有效的手段：利用一切现成的技术手段为观众打造出一个“戏剧环境”，并通过沉浸式互动，为参观者提供一次不但能亲身感受，还能从中产生无尽想象的难忘经历。

部分来自商业的压力促进了博物馆展陈理念的不断更新，品牌无条件统治消费者的日子也好景不再。代之而起的是越来越多的商业品牌在营销策略上的转向：更加灵活的宣传策略，重视消费者的参与，创建强大的空间体验，以此吸引他们并拉近与他们的情感距离。这一切已成为一种重要的商业认知，即消费者的真实体验可以强化他们对品牌的记忆。Imagination 设计公司在都柏林所做的项目“吉尼斯酿造坊”率先推出了一个令人耳目一新的叙事空间，通过对品牌环境的强化，弱化甚至完全忽略品牌的销售环节，完全聚焦于树立鲜明的产品形象。这就是所谓记忆经济（从难忘的经历中产生经济价值），这个新理念目前已被广泛纳入展陈设计体系，同时也成为一个重要的商展战略。

以下的案列为我们提供了如何利用多种艺术形式将展览打造成为生动的叙事空间的良好借鉴。

美国犹太人大屠杀纪念博物馆

这座著名并具有标志性的博物馆以第二次世界大战中希特勒纳粹集团对犹太人进行的大屠杀为主题，由美国 RAA 展览公司设计。设计团队面对这一残酷的史实并没有采用传统的编年表手法而是大胆利用叙事手法，让文物与展品发声，将历史文物做非线性处理，配以特殊的艺术表现形式，通过不同的展品与空间组合，形成叙述序列将历史片段真实地向参观者讲述并通过一系列非凡的视觉形象将那种震人心魄的冲击力传递给前来参观的人群。博物馆坐落在首都华盛顿中心，这是一座三层楼的建筑，它被分成三个部分："纳粹迫害""最终解决方案"与"最后一章"。设计的目的十分明确：希望观众深刻了解历史上曾真实发生过的这一惨剧，牢记历史的教训，时刻警觉并坚决杜绝历史的重演。

博物馆精心打造的参观路线脉络清晰，通过文献、图片、图表以至于珍贵历史电影镜头与口述历史和人工艺术品结合在一起，逐步叠加积累的事实和证据，同时又避免刻意的煽情，诚实地引导观众一步步走进历史的真实。RAA 的设计者们希望强调的是，"这是一种利用现代工具实施的犯罪"，对于历史类博物馆来说，在展现历史的同时也必须强化它们的现实意义，不能因为历史远离我们而忽视它们的现代性。

展品还包括历史文献照片和当年由纳粹分子自己拍摄的整段新闻纪录片或片段，在可能的情况下，为了不在观众与展品之间设置任何障碍，完全采用开放式陈列，甚至避免使用防护玻璃。有时也会加入一些简单的触觉体验，或陈列大量的日常用品，如生活中常见的旧茶具，藏在生锈的牛奶罐中的当年的地下抵抗运动出版物等，这一切陈列细节都有助于渲染大屠杀令人难以想象的恐怖，使观众仿佛置身于历史真实之中。

整个空间采用低调照明，在大部分以暗色基调为主的环境中，灯光照明突出空间造型的雕塑感，充分利用刻意造成的光影对比，如黑白照片一样突出氛围并生动地还原了混凝土的粗糙肌理，精心的材料构成（钢板、砖墙、水泥等），以及倾斜的墙面和不规则的走廊通道等都大大加强了历史的厚重感。

在博物馆的入口处，参观者们排成一队进入一个巨大的工业电梯。在电梯到达四楼展厅前，头顶上传来一个美国士兵的声音：“你根本无法想象在历史上曾经真的发生过这样的事情。”大门打开了，只见天花板上布满了照片——这就是当盟军进入难民营时所见到的情景：成堆的腐烂尸体——“我们需要找到一些视觉的概念框架来表现这种震撼”，RAA 设计师团队如是说。它使人们在一开始无须看到邪恶的面貌就意识到了这种罪恶，此种愤懑的心情将引导他们进入随后的参观旅程。旅程开始后，观众每人会得到一本类似护照大小的小册子，上面简要记载着遇害者的故事。

“纪念塔”是整个展览的一个著名景观。这是贯通三层楼高的一口竖井，参观者由顶部的一道廊桥穿过，四面井壁上密密麻麻地挂满了数百幅遇难者的肖像，一道天光从井口向下射入。楼底的说明牌标示着：在立陶宛一个叫作艾吉斯可依的小村庄里，全部村民无一幸免地全部被一个纳粹的机动小分队杀害（图 2–1 至图 2–3）。

位于以色列耶路撒冷城西赫茨尔山的大屠杀纪念馆是世界最大、最有影响力的同类博物馆。1993 年以色列政府为了取代 20 世纪 60 年代建筑的旧馆决定建筑新馆，新馆的设计也同样采用了以情境烘托主题的艺术理念（图 2–4）。

图 2–1 叙事 · 情境空间（美国犹太人大屠杀纪念博物馆）：美国 RAA 公司设计的“美国犹太人大屠杀纪念博物馆”外景。

图 2-2 叙事 · 情境空间（美国犹太人大屠杀纪念博物馆）：著名景观“纪念塔”，这是贯通三层楼高的一口竖井，参观者由顶部的一道廊桥穿过，四面井壁上密密麻麻地挂满了数百幅遇难者的肖像，一道天光从井口向下射入。

图 2-3 叙事 · 情境空间（美国犹太人大屠杀纪念博物馆）：将遇难者运往集中营的火车，它令观众感到一种恐怖的窒息。

图 2-4 叙事 · 情境空间（耶路撒冷大屠杀纪念馆）：造型犹如烟囱一样的艺术装置，象征死者的灵魂向天空飘散。

维多利亚和阿尔伯特博物馆 V&A

位于伦敦的维多利亚和阿尔伯特博物馆中的“不列颠长廊”（英国卡森曼展览公司设计）的新展陈设计预示着现代博物馆展陈方式的一个重要转变。这一转变的核心是将博物馆单纯的收藏与展示功能扩展成为更加开放的公共教育课堂，使一般观众通过非凡的观赏与互动体验，积极地参与和发现文化艺术中所蕴含的奥秘。与许多现代博物馆不同的是，它的艺术装置与创新并不局限于纯技术层面，而是恰如其分地平衡使用适当的技术手段，将这些手段融合进参观者在浏览过程中的节奏把握，与展品内容的动态演示与互动。

“不列颠长廊”的展示内容追溯了 1500 ~ 1900 年英国艺术与设计的发展历程，其馆藏丰富，学术含量高，新的展陈设计难度极大。在最初的策划阶段，馆方所确定的展纲完全按照传统的编年史方法，并且完全围绕现有馆藏清单进行所谓常规的布展规划。在这个基础之上，策展团队按照大致叙事结构精心编织出若干条平行脉络，分别与相关的主题，如风格、品位、时尚生活与技术创新等进行对应。策展团队承认观众的多样性，这些平行主题的设立使得丰富而复杂的展线被分解为更容易被观展的人群所接受的单元，使展陈所要传递的信息更容易被非专业的一般游客所理解，相对减少了过于学术的表达与僵化的时间排序。这种展陈设计的多样性同时还体现在多种色彩与织物面料的使用，内立面几乎全部被利用并使用各种丰富的材质肌理。在视觉上各单元的过渡与连接强调节奏变化的柔美，整个展览空间无孤立存在的大型物体与装置。参观“不列颠长廊”的旅程不是一堂文化艺术的灌输，而是一次文化传统的漫游，也是一次轻松的而且毫无精神负担与压力艺术欣赏之旅。

这个展览的另一特点是小型展品众多，在视觉上容易显得凌乱。设计团队通过上面提到的多样手段使各组展品形成完整的系列，组成了一段段平静的画廊，每个相对独立的画廊彼此间相互呼应并互为彼此的背景而存在。展厅空间构图灵活而完整，主要展区视觉醒目、连接流畅，视听装置被置于稍稍偏离主展线的侧翼，而研究室和休息区则安排在大厅转角的地方（图 2–5）。

图 2-5 叙事 · 情境空间（维多利亚与阿尔伯特博物馆）：策展团队按照大致叙事结构精心编织出若干条平行脉络，分别与相关的主题，如风格、品位、时尚生活与技术创新等进行对应。

“不列颠长廊”的一个独特之处是围绕主题将所有展陈内容分组布展，这是在博物馆设计领域首次为增强戏剧化与叙事效果而进行的有益探索。绘画、照片、草图与相应的服装、织物、家具、玻璃、陶瓷和其他工艺精品等摆放在一起，共同组成一个个完整的空间场景，创造出一幅幅具有丰富人文色彩的立体画卷。每一个空间都被赋予一个文化主题：如“喝茶”“饮酒”“食品”“企业家”“收藏家”等，当观众置身于这种特定环境中，周围所有具有关联性物品会强烈作用于他们的感官，由此还可能激发出各种联想或记忆，因而对特定的事件或主题印象深刻，自发产生情感上的互动和共鸣。

展览共分为五个展厅，每个展厅里又分为不同的主题空间，每一个主题空间都是一组完整的艺术装置。

尽管展陈设计看起来极具创意的自由，但事实上在策划与设计的各个环节都强调细节的精准与学术探索的严谨。在体现以物叙事的同时，许多必不可少的学术观点也是通过各种形象的艺术或技术手段传达给观众。对于像维多利亚与阿尔伯特这样的世界顶级博物馆来说，在这次展陈升级后最令人感到非比寻常的是，为了加强互动的效果，许多展品竟然可以被观众触摸，包括一些收藏在展柜抽屉里的实物。在“探索”专区，观众们还会被邀请参与更多的活动：如在镜前试戴一下维多利亚时代的头巾，手套或箍带衬裙；学习如何打领结等。总之，博物馆的参观经历呈现出一些新鲜的特征：它变得更多姿多彩、更俏皮和令人难忘。也许最重要的是，可以走进它（图 2–6）。

图 2–6 叙事 · 情境空间（维多利亚与阿尔伯特博物馆）：围绕主题将所有展陈内容分组布展，这是在博物馆设计领域首次为增强戏剧化与叙事效果而进行的有益探索。

吉尼斯啤酒博物馆

吉尼斯啤酒博物馆是一个划时代的例证，它展示了一个著名品牌如何与消费群体，员工以及商业客户建立情感联系，如何影响了都柏林数代人的生活。吉尼斯啤酒是当地的支柱产业，它为当地提供了大量的工作机会，也是爱尔兰最重要的出口商品。但由于担心这个老品牌对年轻一代的影响力变得逐年下降，公司于1998 年决定邀请 Imagination 设计公司对吉尼斯老店进行重新设计，打造一个全新品牌展示窗口。

Imagination 的设计师们与都柏林当地的建筑事务所 RKD（Robinson Keefe Devane）联手工作，他们决定扩大游客中心的理念：打造一个商业中心枢纽，它将包括总部驻地、会议中心、培训基地、酒吧、画廊以及一个小型企业博物馆等公共设施。通过公众的亲身体验，树立起吉尼斯这一传统品牌的崭新形象。

这里原是一座废弃的酿造厂，它建于 1904 年，是爱尔兰第一个钢架结构的六层建筑。它完美地体现了传统工业时代的厂房建筑特点，钢架结构件间的墙体由砖块堆砌而成（图 2–7）。新设计将这一重要建筑元素完全保留。这个结构作为空间体验的一

图 2–7 叙事 · 情境空间（吉尼斯啤酒博物馆）：这里原是一座废弃的酿造厂，它建于 1904 年，是爱尔兰第一个钢架结构的六层建筑。

部分，将唤起人们对历史的记忆，钢铁骨架与粗糙的墙面肌理也会产生一种视觉上的韵律，这一切都会有助于将这个著名品牌置于宏大的历史背景之前，根植于深厚的历史土壤之中，与历史进行无声的对话。

建筑入口处的中庭放置了一个作为吉尼斯象征的一品脱雕花酒杯，此地为六层楼垂直交通的枢纽与交会处，一直向前，进入中庭的高潮部分——重力酒吧，在这里游客们可以品尝到吉尼斯享誉世界的各种啤酒与饮品。

在一楼零售区的一侧是接待处，另一侧是展览区，它向访客们讲述啤酒厂的创始人亚瑟·吉尼斯的故事，接下来是一套十分壮观的关于啤酒酿造过程的演示。主大厅的门槛处提供了高端的弧形屏幕演示技术，在大厅入口处，参观者则停下来观看那些熟悉的品牌介绍。被装饰得如宝石般璀璨的大厅局部与整面裸露的砖石墙壁交相辉映，从这里向任何方向望去，都可以看到那套震撼的大型酿造设备，仿佛它们在大声地提醒你：这里是爱尔兰的都柏林，吉尼斯只属于这里。

展览依次向游客介绍酿造过程的各个阶段，从开始的原料成分，到后端的出口和消费以及遍布世界各地的产品营销网。所有精致的平面展示设计与独具匠心的照明结合，都处于暗色的背景空间。投影直接应用于现有的墙壁和窗户的表面，建筑本身成为沟通的载体而不仅仅是信息呈现的面板。原始钢梁与凹凸的墙面由灯光造成漂亮的视觉效果。观众的视线和注意焦点在古典的展陈环境与现代的展示文字间不停地转换着，碰撞着。

大比例的装置与许多互动细节形成有趣的反差，这也是这个展览的设计特色之一。设计师们尽管使用了多种现代技术手段却始终坚持技术服务于内容，而技术不能成为主宰。参观者在参观过程中也被邀请触摸展品，甚至使用他们嗅觉和味觉（闻味与品尝）进行生理参与和感受。最令人惊奇的是大瀑布的设计，这是吉尼斯的品牌象征：如琼浆玉液般哗哗流淌的水声宛如人间最为美妙的音乐，为展览提供了一个强大的背景声。

在与主展区连接的环廊上空是一个三面透明的空间，影像被背投到这个大玻璃盒子上——这是 Imagination 公司的点睛之笔，它表达出一种疯狂的爱尔兰精神。与酿造部分触觉手段不同的是，“爱尔兰精神”是通过听觉来表达的。走在环廊上，参观者突然意外地被一种“和声”所包围，音乐中夹杂着各种从档案馆中录制的原始音效与爱尔兰口音的对话，配合着透明屏幕上的影像，让人强烈地感受到一股“爱尔兰风”。但与许多电影宣传片的表现手法不同的是，除了这些画面像幻灯片一样都是静态的以外，更明显的不同还在于，这组宣传影片的目的并不在于产品的销售，而是通过对爱尔兰精神的传播对其独特的文化产生共鸣。这种间接的宣传战略被证明是一种行之有效的营销手段。

展陈形式与手段除了三维立体的复制艺术品于演示及互动装置外，投影与屏幕也被广泛使用，一些屏幕被镶嵌在酿造设备中，其他大多成为展陈结构的组成结构，和与其相连的文字或展品一同形成展示阵列。

新技术的应用在展览中发挥了巨大的作用并扮演了重要角色。但与具有较高技术含量的项目，如音像演示等相比，所谓低科技的传统手段仍旧具有魅力，例如，参观者当场制作明信片（意见反馈）。这个既有风险但又有效的公众反馈策略是总体互动方案的特色之一。参观者有权利表达出对品牌的感受，品牌体验的新媒介是人，而不是媒介本身。最后由数字证明了这个展览的成功：开业第一年吉尼斯啤酒博物馆被权威杂志评为爱尔兰旅游热点第一名（图 2–8 至图 2–12）。

图 2–8 叙事 · 情境空间（吉尼斯啤酒博物馆）：纪念品商店是博物馆最重要的组成部分，这里售出的纪念品将被带往全世界。

图 2-9　叙事 · 情境空间（吉尼斯啤酒博物馆）：钢架结构件间的墙体由砖块堆砌而成，新设计将这一重要建筑元素完全保留。

图 2-10　叙事 · 情境空间（吉尼斯啤酒博物馆）：原始钢梁与凹凸的墙面由灯光造成漂亮的视觉效果。观众的视线和注意焦点在古典的展陈环境与现代的展示文字间不停地转换着，碰撞着。

图 2-11　叙事 · 情境空间（吉尼斯啤酒博物馆）：展览依次向游客介绍酿造过程的各个阶段，从开始的原料成分，到后端的出口和消费以及遍布世界各地的产品营销网。所有精致的平面展示设计与独具匠心的照明结合，都处于暗色的背景空间。

图 2-12　叙事 · 情境空间（吉尼斯啤酒博物馆）：建筑入口处的中庭放置了一个作为吉尼斯象征的一品脱雕花酒杯。

泰坦尼克展（临展）

这个展览向人们讲述了“泰坦尼克号”邮轮如何在它跨洋的处女航中沉没的事件。这是一个非永久性展览，它重在通过文物展品与重构的场景使参观者亲身感受当年船上的真实氛围，从而更直接地体验这艘轮船当年的辉煌以及随后的沉没悲剧。展览还借助多种现代展陈手段将整个事件发生的过程向参观者做了清晰与形象的交代。除了真实的沉船遗物外，设计团队还特别强调复制品的制作，如场景的空间构成与排序。尽管真实的历史事件总会强调编年表中的精确时间顺序，但为了叙事与体验的目的，展览的主题结构主要根据故事结构编排，因而对线性的事件发展逻辑做了相应的调整。

设计绕开使用那些众所周知的历史描述和在几部早已被大众熟知的经典电影中的情感解读与英雄形象，而是通过当年船上的五名乘客的视角，让他们成为“解说员”，同参观者分享他们的经历。然而，为了保持叙述的理性与避免陷入情感的旋涡，最后并没有点明他们是否成为幸存者，这反而为参观者们留下悬念，使展览的戏剧性大大增强。这样设计的目的不是要对这一悲剧进行讲解，而是要让展品自己发声，强调亲历的经验。这个展览从戏剧与电影中汲取了许多创作灵感，没有说教式的叙述，它以精细的展陈质量和创造性的景观吸引了大批观众。

展览的空间设计以一条 40 米长的走廊为贯穿通道，嵌有铆钉的粗钢板被一片蓝光笼罩，看上去既像登上轮船甲板又仿佛置身于幽幽的海底世界。从入口望去，整条蓝色走廊空无一物，洁净，深邃。展厅被安排在走廊两侧，参观者由开口进入展厅（装置），每个展厅都被冠以一个主题，依次为“欢迎登船”“船上生活”“沉船警报”“救生”等。在走廊的尽头，参观者进入最后两个展厅。像结语或是尾声，这两个空间一个叫作“沉寂”，一个叫作“传说”。

展览场地设在具有悠久历史的汉堡港仓储区的一个大仓库内，其环境与现代化的展览形成了巨大的反差。这个展览为观众提供了一个完整的体验航程，从他们“登船”开始，进入船上的生活到沉船悲剧的发生，最后是对事件的反思。“泰坦尼克号”展开的旅程通过航行的经验，从登上船只的乘客和船上的生活到“泰坦尼克号”沉没，最后是反思事件的记忆。整个历史事件被涵盖在几个生动的主题单元之中，并被一条蓝色的线串成一条记忆的链条。

展览的第一个单元是“欢迎登船”，设计者在这里放置了大大小小，具有年代特色的旧旅行箱，这让人们一下子就联想到当年登船时的热闹景象。参观者从这里进入主通道，一眼望去，通过长长的走廊，他们的视线被聚焦于走廊尽头悬挂的一口钟上，这是“泰坦尼克号”上的遗物，它静静地悬在那里，作为展览的主要景观，与周围的钢铁壁板默默相对。从展览起点堆置的被绳子捆绑的旅行箱和满墙的遇难者遗照到展厅中央那精美华丽的轮船模型，就像辉煌的歌剧开场一样，预示着将要来临的命运之旅将要启航。

每一个展厅（轮船的舱室）环境都被复制得非常逼真，配以从海底打捞上来的杂物和放大了的历史照片，这种写实主义的处理风格很容易地将参观者带回那个年代。然而具有戏剧实验意义的是，观众沿着展览流线前行，这些写实主义风格的展厅被浪漫风格的蓝色走廊不时地打断，就如同布莱希特戏剧的间离效应，使参观者不知不觉地在过去与现实之间自由穿梭。蓝色走廊里低沉的背景音乐与逐渐加快的鼓点声也加重了不安的情绪。

与冰山的碰撞是展览的一个高潮，为了使这一单元更为突出，设计团队使用了更为夸张的处理，如倾斜的地面，影像直接投射在“冰山”上和一种极具创意的陈列方式——打捞上来的文物（如望远镜、摆放着餐具的餐桌、船体零件等）全部陈列在放满海水的玻璃柜中。作为音效背景，从遇难者的航海日记中所摘录的段落通过配音演员的朗读被循环播放。然而这一切手段的应用，其目的并不在于单纯的情景再现，而是为了最大化地加强参观者的融入感，进而激发他们更多的参与感。

当参观者进入倒数第二个展厅时，展览的节奏突然发生转折，由快突然变慢。这个厅叫作“静默”，是一个蓝色并完全隔音的空间。观众仿佛来到海底，黑暗中散落于四周的展柜就像海底的礁石，陈列于其中的遗物在默默地向他们致哀。

展览的最后一个展厅叫作“传说”。与上一个展厅完全不同的是，这是一个有着白色墙壁的明亮空间，“泰坦尼克号”船上的那口钟醒目地挂在正中，它周围的地面上铺满了白色的海砂。看到它，人们可能会联想到“警钟长鸣”，想到这口钟在大船撞击冰山后曾向全船发出的警报……展厅中同时还陈列了大量当时的新闻报道以及在其后发生的其他类似的航运灾难，正是这些铺天盖地的报道引发了人们对“泰坦尼克号”这一事件的长期关注以及对人类航运史的思考。

展览的策划和设计者们在展陈中自始至终都没有对整个事件发表任何主观的解读和评判，展览的力量来自那些历史的碎片，允许他们将本身所蕴含的信息直接向参观者转达。“泰坦尼克号”的故事是通过文物与场景来讲述的，而不是通过策展人的解读。同时，戏剧化的照明、触觉和肌理的展示、温度的变化以及音频环境等巧妙的设计也有力地烘托了展陈内容与观者之间的情感交流（图 2–13 至图 2–19）。

图 2–13 叙事 · 情境空间（泰坦尼克展）：这是一个非永久性展览。展览场地设在具有悠久历史的汉堡港仓储区的一个大仓库内，其环境与现代化的展览形成了巨大的反差。

图 2–14 叙事 · 情境空间（泰坦尼克展）：嵌有铆钉的粗钢板被一片蓝光笼罩，看上去既像登上轮船甲板又仿佛置身于幽幽的海底世界。

图 2-15 叙事 · 情境空间（泰坦尼克展）：沉睡在海底的“泰坦尼克号”，做工精细的沉船模型是根据海底拍摄的照片资料制作。

图 2-16 叙事 · 情境空间（泰坦尼克展）：整个历史事件被涵盖在几个生动的主题单元之中，并被一条蓝色的线串成一条记忆的链条。

图 2-17 叙事·情境空间（泰坦尼克号展）：“泰坦尼克号”船上的那口钟醒目地挂在正中，它周围的地面上铺满了白色的海砂，这口钟曾在大船撞击冰山后曾向全船发出的警报看到它，人们可能会联想到“警钟长鸣”。

图 2-18 叙事·情境空间（泰坦尼克号展）：这个厅叫作“静默”，是一个蓝色并完全隔音的空间。观众仿佛来到海底，黑暗中散落于四周的展柜就像海底的礁石，陈列于其中的遗物在默默地悼念。

图 2-19 叙事·情境空间（泰坦尼克展）：头等舱的豪华楼梯，这里是参观者竞相拍照留影的驻足点。

第三章　表演 · 互动空间

“表演性”近年来引起了许多人的研究兴趣，它似乎已经成为一种与戏剧表演本身完全不同的哲学概念。譬如，表演的概念在建筑中引起了人们的关注，它所强调的是空间、身体、时间之间的关系与对话。从这几点来说，它的确与表演，特别是与现代表演理论存在着极大的共性。

表演空间的理念源自现代展陈设计中的观众体验的延伸。通过多种体验方式的设计实现从叙事空间到表演空间的过渡，就如同现代戏剧一样，从传统的在舞台上讲述故事发展到演员与观众的互动。这一转变的关键是邀请人们的参与，但它绝不应带有任何强制性，而是以新颖的手法吸引人们的自觉参与其中。表演空间的设计是对传统的静态展陈空间的挑战，德国 Atelier Bruckner 公司设计的法兰克福 IAA 车展就是一个有趣的试验，它将戏剧表演的元素加入展出中来。再进入正式展厅前，观众要首先通过一个充满运动与激情的巨大空间，这也是一个精致的杂技表演场地与正式展厅并置的景观，他们的行进路线上布满了兴奋与惊喜，参与感得到了极大的释放。

“表演性”自现代展览设计理念超越了符号学与展示的单纯定义后已经成为展陈领域最重要的发展趋势之一，它发现在博物馆的体验设计中参观者的身体本身在沟通与学习中扮演了重要的角色。表演空间具有一种在展示艺术中发挥更大互动功能的巨大潜力，在参观的过程中，展览内容与个人感受间的交流是在参观者身体及其在整个空间的运动中完成的，因此，观展体验也可被视为一次移动的身体与某一事件在某一特定空间里的偶遇。

表演空间是一种以参观者为中心的设计理念并特别强调观众的体验感受，它的设计重点不再是视觉观赏而是聚焦于观众的行为与运动，参观者在“表演空间”中被引导或邀请参与活动。表演空间的设计特点是将参观者融入一个特定的环境或是一个特殊的展陈装置，并使两者通过互动达到信息传输的目的。这是一种新的交流语汇，如我们在现代展陈中常见的沉浸式显示屏，信息墙或数字模拟环境等。

这种设计探索可能会使我们立即联想到可能最适合儿童博物馆项目，譬如 Imagination 公司设计的英国哈利法克斯的儿童博物馆（通过参与让孩子们了解全球环境问题），卡森曼公司设计的伦敦科学博物馆（许多特殊的学习装置极受欢迎）等。这些典型项目的成功经验在于开拓了玩耍与学习知识之间的自然互动与转换，那些设计精巧，复杂神奇的博物馆装置是实现这种交互的关键，这些装置巧妙地邀请孩子们（也包括成年人）以有趣的方式移动与互动，同时获取有关科学原理的知识，充满动感的空间与富于表现力的音像背景始终陪伴着这种愉悦的学习快感。

表演空间的设施并不限于某一种技术，它可以采用任何形式，任何具有交互与参与性的简单游戏或高科技设施。这些设施的共同特征就是能够将展览的内容结合，通过独特的方式将参与者融入其中，在互动中接受与思考展览所传达的内容。

在博物馆展览空间中增设互动体验装置已经成为一种新的趋势，它正逐步被越来越多的博物馆与展览机构纳入展陈设计的筹划之中。各种体验与互动装置的内容创意与设计体现也越来越受到设计团队的重视而且已经成为客户的普遍要求。总之，那些邀请人们参与体验与互动的项目将成为未来展陈设计中基础创意的重要组成部分。

尤里卡！哈利法克斯儿童博物馆

“我们的地球花园”是一个坐落于英国哈利法克斯的永久性博物馆，这是一个在“尤里卡”（希腊语 Eureka 意为“找到答案啦”，也是一部著名儿童系列片的名字）的环境中进行探索学习的展览馆，由 Imagination 公司设计。这是一个极富有想象力的世界，展览旨在培养孩子们的自然环境意识，深入了解世界主要文化版图以及地理气候等现象。展览的内容还与英国全国教育大纲挂钩，分别涉及人类与自然的相互依存、公民意识、公民身份、社会管理、需求与权利、多样性、可持续发展与发展的不确定性等重要议题。

这些环境主题充分考虑到不同年龄组的接受能力，由一种非常简明的可视化语言连接。这个展览还包含了一系列其他有趣的元素作为知识的载体，以帮助孩子们探索他们自身以外的世界。

六个主题花园分两层散布于这座三角形建筑之中，首先在一楼看到的是一座城市花园，这是孩子们都熟悉的环境，沿着花园的墙壁摆放着一组组或供观赏或可动手操作的游戏装置，其周围的环境被布置成传统风格的后花园。同样位于一楼的丛林花园和海洋花园，对于孩子们来说则似乎有点陌生，但在与这些陌生环境的接触中，新奇的地貌让他们感受到环境的多种样貌。

二楼空间的展陈方式与一楼基本相同。参观者首先进入的也是他们较为熟悉的环境——一座乡间花园，紧接着，与此空间产生对比的是一座冰雪园和一座沙漠园。三座花园中的所有互动装置都极为成功，当来访的孩子们在如此不同的环境中穿梭时，他们感到了环境的复杂与多样。同时，不停变换的环境与好玩的装置也使孩子们始终精力集中、乐此不疲。

除了这六个主要展览空间外，还有第七个，也就是最后一个花园——思想园，这里为年轻的参观者们提供一个表达自己感想的机会。孩子在展览结束时将自己的观展感想记录下来。

所有互动装置和环境背景的风格处理都参考了孩子们所喜爱的经典儿童书籍和画册，这些经典被几代人所熟知，借助于这些熟悉的语言和形象，在不同年龄段之间架起沟通的桥梁。每个花园的设计都选择了一组代表形象和特定的色调，比如沙漠园是温暖的橘黄色的起伏的沙丘和太阳。所有形象都显得生动多样，屏幕采取冰柱的形式，孩子们还可以将大块透明的冰块放在一起，搭建一座因纽特人居住的冰屋。

每个装置都会随着参与者的操作技能的提高而提升操作难度。每个园区都具有独特的投影并配以环境音效。海洋馆的地面是滚动的波浪，冰雪园的地面则覆盖着一片片的雪花。同时，孩子们还被告知尽管雪花看起来是一样的，但其实每一片雪花的图案都是不同的。这时他们会从一堆“雪花”中挑选出自己最喜爱的雪花图案放到眼前仔细观赏。

正是各种各样设计独特的互动活动，使孩子们在亲历的体验中逐渐认识自然。在这里“动”是关键，当孩子们搬动撬板，使劲摩擦或拉开一个抽屉的时候，就是他们发现新的秘密、增长知识的时刻。

这种以增强体验感为目的的设计通过活跃的色彩、好看的图案和材料肌理，加上丰富的肢体运动与脑力参与，对大自然的认识是一次与游戏和娱乐交织在一起的发现旅程。这个具有丰富想象力特征，充满了参与和体验的展览中没有过于严肃的内容，也没有科学和儿童博物馆中教学式的主观灌输，而是以提出种种有趣的问题，进而引导参观者去观察，去体验，去发现（图 3–1 至图 3–3）。

图 3–1 表演 · 互动空间（哈利法克斯儿童博物馆）：“我们的地球花园”是一个坐落于英国哈利法克斯的永久性博物馆，这是一个在“尤里卡”（希腊语 Eureka 意为“找到答案啦”，也是一部著名儿童系列片的名字）的环境中进行探索学习的展览馆。

图 3–2 表演 · 互动空间（哈利法克斯儿童博物馆）：所有互动装置和环境背景的风格处理都参考了孩子们所喜爱的经典儿童书籍和画册，这些经典被几代人所熟知，借助于这些熟悉的语言和形象，在不同年龄段之间架起沟通的桥梁。

图 3-3　表演 · 互动空间（哈利法克斯儿童博物馆）：这些环境主题充分考虑到不同年龄组的接受能力，由一种非常简明的可视化语言连接。

英国布里斯托科学中心

“探索布里斯托”是一个强调参与和互动的科学展示中心，它由一个穹幕影院、“探索”与“野外散步”三个部分组成。Orange 电信公司（展览主要赞助商与当地支柱产业）特邀 Imagination 展览公司进行设计与实施。策划团队包括了研究人员、程序员、未来学家等。设计团队根据他们的要求，旨在提出一个面对 4 ~ 16 岁青少年观众的、充满想象与活力、能够调动他们所有感官参与的新型展览方案。

Imagination 在普通的展厅里设计了一个不普通的“光纤森林”，密集的光纤上部被固定在铁架上，下部不固定并保持松弛状态。孩子们被邀请在光林中嬉戏，他们可以随意地拉扯，甩动光缆，这时光缆的发光强度甚至色彩会随着他们不同的动作发生变化。“光纤森林”的上方是一面镜子，地面也使用了抛光材料。孩子们置身在这个被黑色背景衬托的环境里，上下左右全是光的世界，他们亲眼看到自己的每一个肢体动作都会引起周围色彩和亮度的变化。这个装置成功地创造了一个身临其境、将感官（视觉与动作）与环境连在一起的互动空间。

这个“想象空间”以“橙色故事”开始，它讲述了 Orange 公司的发展史并通过一系列动画讲介绍了通信技术与人们日常生活之间的联系。紧接着的主要展出内容是三组设计独特的互动装置，通过与这些装置的互动，参观者将亲身体验到三种通信技术的不同特点：第一个是“说出你的名字”，孩子们与定向话筒互动，但反馈回来的回声却带有各种可笑的腔调，这个装置以充满了幽默感的特点激发了孩子们的兴致和参与感。第二个就是光纤装置“追逐彩虹”，孩子们在“光纤森林”中嬉戏时通过身体与光纤的接触程度使光纤的色彩由白色变成橘色，形成彩虹一样的效果，通过触摸敏感光纤，体会电能与光能之间的转化，以及任何一个动作都可以是自己所处环境产生变化的道理。第三个是“给我们讲个笑话”，是一个关于语音识别的装置，通过技术对每个孩子的声音进行识别并巧妙地结合了英式的幽默风格。

所有装置都具有互动和实操性，生动有趣而且会让不同年龄的青少年们玩得投入。它将复杂的技术转化为一种具有吸引力的启发过程，将复杂的内容变为一种有趣的运动和娱乐。设计的关键是抓住身体运动与装置间的互动，对“动态设计”的开发也是由“体验空间”的设计向“表演空间”的设计过渡的节点（图 3–4）。

图 3–4 表演 · 互动空间（布里斯托科学中心）：表演互动装置“光纤森林”，孩子们置身在这个被黑色背景衬托的环境里，上下左右全是光的世界，他们亲眼看到自己的每一个肢体动作都会引起周围色彩和亮度的变化。这个装置成功地创造了一个身临其境，将感官（视觉与动作）与环境连在一起的互动空间。

地球与太空中心——纽约自然科学博物馆

纽约博物馆的海登天文馆再版提升后将原来的天象厅变成了一个新型的公共学习环境——地球和太空中心。该馆内的宇宙大厅按顺序将行星与地球厅、生物厅以及脊椎动物进化馆等连在一起，全部由 RAA 展览设计公司设计。翔实的展陈信息与丰富的建筑元素配合得天衣无缝，这是一个受到多方好评的展览空间。

建筑师博舍克与施利曼在透明的方形建筑内设计了一个巨大的白色球体，它由钢结构穿过球体作为支撑，显赫地悬在宇宙大厅当中。一台蔡司超级电脑投影机可以再现出复杂的虚拟现实。

为满足不同层次参观者，设计团队动用了所有可以想到的展陈手段，从学术策划、多媒体、实时互动、图像、动力模型到先进的数字设计等，把科学家的声音通过展览翻译成可视的形象并加以放大。将天体物理学、天文学和地球科学等多种深奥的科学以简单明了的语言介绍给广大的观众，尤其是青少年。

大厅内的展陈内容主要聚焦于四个方面：宇宙演变、星系、恒星与行星。其中，一楼充满了活力，设计者营造了一个让参观者可以多种方式参与的学习环境。据设计者的描述：这是个像公园一样的自由空间，里面排满了多媒体触摸屏、艺术品、动力模型等装置。小型影院和互动媒体伴以背景音乐，叙述解说或是特殊声效，这一切都是为了将最新的人类科学知识与数据提供给参观者们。

60 个独立的多媒体视频模块沿着天文馆的太空剧院的视频墙呈曲线排列，这种排列布局需要参观者如同星星绕轨道运行一样向前移动观看。特别使大家感兴趣的还有 4 个大型落地式“镜头”，来自下方的数字影像投射到上面，4 个镜头分别展示了超新星的诞生、太阳表面的活动、太空的全息影像以及银河与外星系的投影。

展览的设计者们在展品的大小比例上也匠心独具地做了精彩设计，他们通过展品间的比例关系为参观者提供了一个清晰的视觉上的参照系，譬如总长 120 米的螺旋轨道及其围绕的 27 米直径的球体与悬挂在空中的众行星间的比例恰如太阳系各星球大小比例。在宇宙的时间表述上，玻璃栏杆的每一段代表着7500万年，相比之下，一根头发丝的宽度（直径）则代表了人生的长短。

在地球厅里陈列了许多巨大的岩石标本，通过视频的讲述，让人们了解到我们的地球诞生至今日仍处在不停变化之中，一直在进行着地理的变迁与更迭。一块取自太平洋深处的一座新隆起的火山硫化物标本为参观者提供了有力的证据。对地球科学家的视频采访与高清数字地貌模型加强了展览的即时性。由音频设备所发出的来自地球内部的声音与来自火山、冰川和沙漠中地震检波器的声波都在时时提醒着人们：我们的地球是一个具有生命的星球。

在大厅的中心是一座圆形开放式小剧场，参观者们坐在这里可以从太空的角度看地球，它首次采用了一种最新研制的高清半球投影系统，将最新的卫星图像结合电脑制作的数字模型演示，缓慢地剥开徐徐转动着的地球上的云层、植被和大洋，直至钻入地壳深处向观众揭示地球的秘密。

曾在一万三千年前击中地球的威拉米特陨石庄重地陈列在大厅的醒目处，是少数几件珍贵的天文学标本之一。参观者通过电脑查询可以了解到这个来自天外之物的元素构成。

展厅的设计特别强调动感，参观路线的流动模式、互动装置的组合与排列复杂精细，动感十足。整体景观似乎处于永不停息、不断变化的状态。贴切的视觉隐喻与丰富的设计语言帮助了展览的流畅表达，使观众仿佛身处在一个巨大的现代科学仪器之中（图3–5、图3–6）。

图 3-5 表演 · 互动空间（地球与太空中心——纽约自然科学博物馆）：纽约博物馆中的海登天文馆再版提升后将原来的天象厅变成了一个新型的公共学习环境——地球和太空中心（RAA 展览设计公司设计）。

图 3-6 表演 · 互动空间（地球与太空中心——纽约自然科学博物馆）：建筑师博舍克与施利曼在透明的方形建筑内设计了一个巨大的白色球体，它由钢结构穿过球体作为支撑，显赫地悬在宇宙大厅当中。

伦敦自然科学博物馆能源馆

能源是人类赖以生存的宝贵资源，尤其对现代社会来说事关生死存亡。由卡森曼公司主持设计的伦敦自然科学博物馆中能源厅的策展主题就是要唤醒人们对能源这一世界性话题的关注。那些关于能源问题的不同观点与辩论醒目地写在展墙上，以简洁的语言明确揭示了展览的主题。围绕这个主题与展览框架，设计者并没有使用大量的科学数据与科普式的灌输，而是通过运用许多富于创造力与想象、活泼而寓教于乐的互动装置将展览需要表达的思想和信息输送给不同年龄段的参观者。

这个展览还展出了 11 位艺术家的作品，包括装置雕塑与多媒体装置等，展陈设计团队需要将这些丰富多彩的个人作品有机地融为展陈内容的一部分，使展览空间成为一个连贯的整体。在最初的设计阶段，团队还确立了另一个设计原则，这就是突出两翼空间的不同风格，这样就会使观众通过中央大厅时感受到强烈的对比效果，同时让中央展厅成为展览的高潮。

悬挂在大厅中央的是一个 13 米高的巨大钢环，钢环的内侧是一圈总长度约 40 米的 LED 光带，它形象而有力地点明了展览的主题——能源是人类科学关注的核心问题。由于钢环位于贯穿整座建筑的三层空间，无论从展厅的哪一个角度都能看到它的存在。

这个巨大钢环实际上是一个巨大的互动装置，用来反馈与展示观众的思考结果与答案。这个吊在空中的庞然大物连接着三楼展厅的 4 个终端触摸屏，互动者根据提问选择自己的答案，根据不同的结果，终端输入信息可能会触发光环突然发光，或引发强度与光色的变化，同时答案也会在光环上出现，供所有人围观。

艺术家创造性的参与是这次展览的特色之一，他们创作出的那些风格独特的互动装置给人们留下了深刻的印象。这些装置既是独立的艺术品，又与内容的表达联系密切同时还具有有趣的操作性。他们的每件作品都表现出一种不同的互动风格，在满足视觉欣赏的同时，也让运动和游戏成为学习的组成部分。

例如在“能源的利用”这一互动项目中，参与者要回答哪些能源代表着未来的发展方向。他们的脚下是一块块压力屏幕（相当于地面触摸屏），代表不同能源的符号在屏幕中飘动，这时参与者需要不停地移动脚步去踩中那些他们认为正确的答案。就像一场精力充沛的舞蹈比赛，每一位参加者在“舞蹈”结束后也都会根据自己的表现得到或高或低的分数。

“能源无处不在”这一互动项目要表述的是“自然环境中的能量循环”这一主题。与“能源的利用”一样，它也是借助参与者的各种舞蹈与肢体运动来触发显示系统。参与者站在一块特殊的地板上（称为能量平方），当他拍手时，在屏幕上就会出现雷电，挥动手臂就会引来一阵大风，弯下腰做挖掘动作就会出现被困在地球表面以下的能量最新的图形。整个展览没有冗长的文字解读，简洁易读的语言加上活泼的肢体参与和富有戏剧性的舞蹈表演让参观者沉浸其中。更有意义的是，每一位互动参与者在众人的围观下也在不知不觉中成为表演者。

“禁止触摸”是一个体验项目，这个标题煽起了参观者的好奇心与逆反心理。结果，伴随着“嗞嗞”的声音，一股微弱的电流通过身体，让那些大胆者尝到了一次小电击的滋味（图 3–7 至图 3–9）。

图 3–7 表演 · 互动空间（伦敦自然科学博物馆能源馆）：能源馆的策展主题就是要唤醒人们对能源这一世界性话题的关注，设计者并没有使用大量的科学数据与科普式的灌输，而是通过运用许多富于创造力与想象、活泼而寓教于乐的互动装置，将展览需要表达的思想和信息输送给不同年龄段的参观者。

图 3-8 表演 · 互动空间（伦敦自然科学博物馆能源馆）：艺术家创造性的参与是这次展览的特色之一，他们创作出的那些风格独特的互动装置给人们留下了深刻的印象。这些装置既是独立的艺术品，又与内容的表达联系密切，同时还具有有趣的操作性。他们的每件作品都表现出一种不同的互动风格，在满足视觉欣赏的同时，也让运动和游戏成为学习的组成部分。

图 3-9 表演 · 互动空间（伦敦自然科学博物馆能源馆）：13 米高的钢环悬挂在大厅中央，实际上这是一个巨大的互动装置，用来反馈与展示观众的思考结果与答案。这个吊在空中的庞然大物连接着三楼展厅的 4 个终端触摸屏。互动者根据提问选择自己的答案，根据不同的结果，终端输入信息可能会触发光环突然发光，或引发强度与光色的变化，同时答案也会在光环上出现，供所有人围观。

三星电子科技馆

三星电子是盐湖城 2002 年冬季奥运会的全球合作伙伴，公司特邀 Imagination 公司通过主题馆的设计来突出三星的国际领跑者形象并迎合市场对品牌的新挑战。涉及的主题被定为：“生活向你发出邀请”，而对设计方案的具体要求则是：打造一个与其他竞争对手完全不同的沉浸式环境，通过声音和视像与访问者建立情感联系。

这次奥运会的展览场地十分特殊——展厅全部为帐篷式建筑结构，它需要让人们在这个特殊的空间里看到三星品牌的标志性形象。在展示三星产品的同时，吸引公众和媒体的关注，展示三星卓越的创新技术。为此，Imagination 团队将他们的设计理念定位为——让参观者向世界讲述他们所亲身感受到的奥运体验。

三星奥运场馆分两层，面积 1160 平方米。这个展厅将向世界同步发出文字与图像信息，与世界分享这些亲历者在奥运会与展馆中的体验。手持三星手机、数码相机的工作人员向新闻记者一样对观众进行现场采访，鼓励他们分享自己的参观与互动体验，现场画面都即时出现在呈曲面形状的大投影屏幕上。

展馆外形的设计灵感来自富有冬季特征的羽绒夹克，那看似蓬松的一道道横条与充气帐篷形成有趣的重叠，作为投影屏幕的外墙不断变化，显示出一种永不停歇的活力。这一场馆成为最受运动员和参观者们喜爱的场所，他们将这里视为欢乐的载体，表达他们对于比赛的兴奋，并将这种兴奋通过三星所提供的场地和设备传达给遍布世界的朋友。

大量的各色三星手机像天女散花一样从天花板垂下，参观者可以用手机给世界任何地方的朋友或家人打电话。而在另一片区域，他们使用虚拟装置玩打雪仗的游戏或在布满大小屏幕的网吧区通过三星设备上网及查询所有赛事的信息。馆中所展出的所有三星展品都悬挂在空中，像珠宝展示一样精致地放在球形的透明体中，如多彩的露珠或雪花。参观者可以随意触摸和把玩这些展品，展品自身跳动的色彩在装饰着各种奥运标记的立柱与中性偏冷的背景色调的衬托下完全融合为一个生机勃勃的世界。

在这个充满人气的人造景观中，三星品牌通过与使用者的互动成功地将自己的形象与国际体育精神融为一体。不可否认，展馆成功的核心在于参观者的积极参与，三星的潜在消费者在了解产品功能的过程中，其参与几乎是在无意中进行的，他们将个人的经历和体验通过这个特定空间与装置传达出去，因此这种参与也成为展览的组成部分（图 3–10）。

图 3–10 表演 · 互动空间（盐湖城冬奥会三星电子科技馆）：在展示三星产品的同时，吸引公众和媒体的关注，展示三星卓越的创新技术。为此，Imagination 将他们的设计理念定位为——让参观者向世界讲述他们亲身感受到的奥运体验。

美国圣路易斯博物馆

圣路易斯博物馆是一座以孩子们为主要服务对象的场所，它其实更像是一个充满了冒险精神的乐园，其设计艺术风格奔放奇特，充满了活力与动感，数量众多的参与项目让年轻人不仅在动中学到知识，而且他们自身的挑战行为也在不知不觉中成为其他人的观赏对象，自己既是观众也是表演者（图 3–11、图 3–12）。

图 3–11 表演 · 互动空间（圣路易斯城市博物馆）：这座博物馆其实更像是一个充满了冒险精神的乐园，它的艺术风格奔放奇特，充满了活力与动感。

图 3–12 表演 · 互动空间（圣路易斯城市博物馆）：数量众多的参与项目让年轻人不仅在动中学到知识，而且他们自身的挑战行为也在不知不觉中成为其他人的观赏对象，自己既是观众也是表演者。

第四章　模拟 · 体验空间

为观众创造出一个特定的空间环境，已经成为现代博物馆设计的普遍行为。它早已突破了传统展陈的范围，而是使用各种模拟与再造手段复原出一个宏大的历史场景，或展示出一幅只存在于人类幻想之中的奇妙景观。这种“人工造景”为观众迅速地投入情感创造出先决条件。根据心理学的说法，环境的暗示可以使观众瞬间进入规定情境，融入预先设定好的情绪氛围，这无疑能够大大提升观众体验的效果。

体验空间的营造大体分为两种：实景搭建与虚拟现实。前者主要为传统的景观 / 场景设计，如美国第一次世界大战博物馆序厅的罂粟麦田、大都会博物馆的埃及馆等。关于场景设计在本书的第九章中还会专门提及，在此暂略。

下面将主要聚焦于博物馆设计中虚拟空间的营造，尤其是不同时期的技术发明如何推动这一领域不断发展的大致脉络。

长久以来，模拟现实与幻觉显示在博物馆展陈中其实并不是什么新鲜事，其中包括 19 世纪就已经发明的西洋镜和光影成像技术。这些流行的娱乐性光学实验为人们提供了一种替代现实，观众所看到的无非是通过画面、镜头与光效结合所呈现的新幻觉。今天的博物馆体验要求日益精密的设备，包括影视与网络游戏等最新流行技术，这些正在为观众带来更为身临其境的震撼。当博物馆使用了越来越多的音乐与电影等艺术语言的时候，传统博物馆的参观体验便由理性的知识传播逐步转化为情感事件。

在过去的几十年里，计算机数字技术在博物馆和其他展览领域得到迅速普及，最为常见的是提供在线目录查询，或提供更多的展览信息作为展览的补充和延伸。互联网的发展使博物馆得以进一步扩大自己的影响，通过自己的网站将观众的数量成倍扩大。近年来，除了数字技术的对内查询与对外传播的功能外，在整个博物展陈领域对于如何利用数字技术增强观展体验、还原真实环境、创造虚拟现实等方面进行了大量的探索与创新，寻找更多的与观众沟通的新方式。

今天的博物馆体验得益于计算机领域模拟技术的发展，尤其是人们经常听到的三个相关的领域：虚拟现实（VR）、增强现实（AR）和混合现实（MR）。

● VR: Virtual Reality，虚拟现实是指利用计算机技术模拟产生一个为用户提供视觉、听觉、触觉等感官模拟的三度空间虚拟世界，用户借助特殊的输入/输出设备（如眼镜，头盔等），与虚拟世界进行自然的交互。用户进行位置移动时，电脑可以通过运算，将精确的三维世界视频传回产生临场感，令用户及时、无限制地观察该空间内的事物，如身临其境一般。

● AR: Augmented Reality，增强现实是一种实时计算摄影机影像位置及角度，并辅以相应图像的技术。这种技术可以通过全息投影，在镜片的显示屏幕中将虚拟世界与现实世界叠加，操作者可以通过设备互动。硬件代表作是大名鼎鼎的 Google Glass，游戏代表作是《精灵宝可梦 Go》，这款游戏曾经风靡全球。

● MR: Mix Reality，混合现实指的是结合真实和虚拟世界创造了新的环境和可视化三维世界，物理实体和数字对象共存、并实时相互作用，以用来模拟真实物体，是虚拟现实技术的进一步发展。硬件代表作是 Hololens 和 Magic Leap，游戏代表作是《超次元 MR》。

三者之间的关系： VR、AR 和 MR 的从属关系是这样的：VR 概念最小，AR 概念包含了 VR，MR 概念最大，包含了 VR 和 AR。简单地说，VR 看到的图像全是计算机模拟出来的，都是虚假的，因此利用 VR 技术可以凭空臆造出一个形象逼真的空间；AR 是将虚拟信息叠加在真实环境中，来增强真实环境，因此看到的图像是半真半假，例如自动识别人脸，在真实的人脸图像上叠加文字或动态贴图，从而提供生动的相关信息；MR 是将真实世界和虚拟世界混合在一起，可以说它呈现的图像令人真假难辨。MR 比较像是 VR 和 AR 的组合，可以在现实的场景中显示立体感十足的虚拟图像，而且还能通过双手和虚拟图像进行交互。

一句话总结就是VR是全虚的，AR是半真半假，MR是真假难辨（图4–1至图4–7）。

图4–1 模拟·体验空间：人们经常听到的三个相关领域：虚拟现实（VR）、增强现实（AR）和混合现实（MR）。

图4–2 模拟·体验空间（VR技术）：虚拟现实（VR），是指利用计算机技术模拟产生一个为用户提供视觉、听觉、触觉等感官模拟的三度空间虚拟世界。

图4–3 模拟·体验空间（AR技术）：在眼镜的显示屏幕中将虚拟世界与现实世界叠加。

图 4-4 模拟 · 体验空间（佛罗里达科学博物馆）：增强现实（AR），是一种实时计算摄影机影像位置及角度，并辅以相应图像的技术。这种技术可以通过全息投影，在镜片的显示屏幕中将虚拟世界与现实世界叠加，操作者也可以通过设备互动。

图 4-5 模拟 · 体验空间（华盛顿自然博物馆）：借助 AR 技术讲述了许多动物在历史长河中遭遇灭绝的故事，它呼吁人类采取行动，保护生态环境，增加动物保护区以防止进一步的物种灭绝。

图 4-6 模拟 · 体验空间（MR 技术）：真假难辨的混合现实（MR）技术。

图 4-7 模拟 · 体验空间：在英格兰一座古城堡中的 AR 辅助导览。

这是一个日新月异的领域，30 多年来，研究界一直在不断探索，而今大多数必要条件已经基本成熟。3D 图形的质量多年前就已经满足需要，头戴式显示器、六自由度头手位置和朝向跟踪系统也进入实际应用。此外，虚拟环境应用和相应的用户交互方法也都已经开发出来。头戴式显示器和所需的跟踪系统也已浮出地平线，这些技术及其在博物馆与展览行业的应用随时可能出现新的突破。

尽管不时会遇到来自传统博物馆文化的阻力，但这些新技术已逐渐成为展览经历的一部分，它们提供了一个与新一代观众互动的机会，并与他们进行全方位的沟通。未来的模拟现实在展陈艺术中的发挥并不仅仅取决于技术的发展，而且取决于设计者的创意。

下面介绍几个相关设计案例。

气候主题（伦敦泰德现代艺术馆）

作为一种新的艺术空间形式，画廊与博物馆的设计越来越受到关注，成为艺术家工作室的延伸与新的创意活动场所。就创作空间而言，恐怕没有任何场地可与伦敦泰德现代艺术馆的涡轮大厅媲美，对艺术家更具挑战与吸引力了。它的空旷、简约与在当代艺术中的显赫地位使这一场所成为当代艺术最重要的殿堂之一，它所推出的作品大都具有引领当代艺术方向的意义。

奥勒夫·埃利亚松“气候主题”装置展虽不属于传统意义上的展览设计，但这个艺术装置与展览空间的无缝对接、它的空间体验与氛围的营造等均为展陈与博物馆空间的设计提供了有益的借鉴。

与许多现代艺术装置相比，“气候主题”以其营造的非凡视觉印象引起人们极大的兴趣，它将泰德涡轮大厅这一室内空间通过视觉处理，音响，人们的动作、手势以及一些有趣的行为艺术等转化为一个类似广场的公共空间，成为伦敦街景的一部分。

“气候主题”是一个以天气与气候为主题系列的第四号作品，创作者埃利亚松表示，他的创作意图是通过特定的装置与行为艺术表达对天气的关注、体验、调节并提出解决方案。在大厅的一端，他安装了一个巨大的半透明光盘，光盘背后由数百个单频灯组成一个发光体，黄色和黑色是整个大厅中的唯一色调。大厅的天花板下悬挂着由数百个小镜子组成的镜面反射体，每面小镜子的角度稍有不同，因而会产生一些模糊的虚边效果，看上去类似光与热浪造成的视觉效果。

烟机使大厅中布满了一层淡淡的迷雾，似乎是从隔壁的泰晤士河上升腾的水汽。同时，这迷雾也将人工造出的景物（太阳、天空等）自然地融为一体。参观者在梦幻般的场景中放松下来，在地板上随意地或坐或躺，或独自或与朋友相伴，他们仿佛在与自然对话、思考，或仰头在头顶的镜子中寻找自己那变了形的影像。为了在镜中模糊的人影中找到自己，人们不得不刻意地做出许多动作，如摇头、挥手，或几个人拥抱在一起，无意间他们变成了表演者，大厅变成了舞台。这时，人造的模拟环境将原本空空荡荡的大厅变成了充满人气的忙碌人间，人们在充满诗意的“自然”中感受“自然”并思考“自然”（图 4–8）。

图 4–8 模拟 · 体验空间（泰德现代艺术馆）：奥勒夫 · 埃利亚松“气候主题”装置展虽不属于传统意义上的展览设计，但这个艺术装置与展览空间的无缝对接、它的空间体验与氛围的营造等均为展陈与博物馆空间的设计提供了有益的借鉴。

月球博物馆

这是一个由英国艺术家卢克 · 杰拉姆创作的装置作品，也是一个正在世界各地巡展的流动博物馆。杰拉姆根据美国航天局 NASA 公开发布的月球表面图像，以大约 1∶500000 的比例制作了一个直径 7 米的月球，球体表面的每一厘米相当于真实月球表面的五千米长度的天文实体表面。这个月球为内发光的雕塑装置，非常详细地将 NASA 的精彩图像以三维的立体形式呈现在人们眼前，极具视觉震撼力。“月球博物馆”目前已在英国和欧洲的几个城市进行了巡展，并计划在未来几年中能去更多的城市举办展览。此巡展还创建了专门的网站，除了宣传报道作用外也用以收集观众的各种信息反馈以及各种文化中有关月球的故事，神话与传说。

“月球博物馆”不但以强烈的视觉冲击力与先进的灯光技术为表达语言外，还融入音乐手段，作曲家丹·琼斯的完美作品更增添了作品的魅力。这个巡回展览的场地没有统一要求，有时在室内举行，有时也在室外举行，有时还会成为世界各地的音乐节或灯光秀的特邀节目。

杰拉姆希望这个作品能够开启关于月球在整个历史中的文化和社会影响的讨论。月球很久以来就被人类用作计时器，日历以及夜间导航的辅助工具。许多艺术家、诗人、科学家、作家和音乐家都将月亮作为灵感和探索的源泉，每一种宗教与文化也都与月亮有着千丝万缕的关系，“月球博物馆”也一定会促使观众对世界不同的文化进行更多的比较与思考（图 4–9、图 4–10）。

图 4–9 模拟·体验空间（“月球博物馆”，巴斯游泳池）：这是一个由英国艺术家卢克·杰拉姆创作的装置作品，也是一个正在世界各地巡展的流动博物馆。根据美国航天局公开发布的月球表面图像，以大约 1 ： 500000 的比例制作了一个直径 7 米的月球，这个月球为内发光的雕塑装置，详细地将 NASA 的精彩图像以三维的立体形式呈现在人们眼前，极具视觉震撼力。

图 4-10 模拟 · 体验空间（"月球博物馆"，莱斯特大教堂）："月球博物馆"不但以强烈的视觉冲击力与先进的灯光技术为表达语言外，还融入了音乐手段，作曲家丹 · 琼斯的完美作品更增添了作品的魅力。

朗讯公司展览中心剧院

在纽伦堡的朗讯中心有一座特殊的小剧场，它是整个展示中心的亮点。这个剧场可以说是跨界的产物，它将展陈设计、工业设计与舞台设计等专业理念融为一体。尽管展览的内容具有明显的商业目的（向全球推广其产品理念），然而这充满戏剧化的艺术氛围却完全掩盖了它的商业企图。

此展陈项目的设计者——MET 设计室在谈到他们的设计理念时说，设计的立足点在于展览的首要目的是服务理念的交流而不是简单的产品推销，重点应该是创造一种体验，首先吸引观众对展览的兴趣，激发他们想要探究这个公司及其产品的兴致，在此前提下，才有可能通过简练的视觉语言使观众对公司复杂的技术与服务有所了解。这显然是一种非常规的设计思路，它开创了一条品牌宣传的新路径。

参观者从主入口沿着二层的玻璃走廊进入一座“电梯”，充满寓意与想象的旅程从这里开始。当“电梯”门关闭时，“电梯”内的灯光转暗，具有戏剧性的灯光效果伴随着音响特效充满了这个空间，各种奇异的电波与电磁噪音将人们包围，半暗的空间里只有一个 LED 指示灯在不停地闪动，数字在变化——暗示着电梯正在下降，直到电梯下降到最底层的“地下室”。这里是一个电器机房的世界。

随着“电梯门”的开启，人们进入机房，嗞嗞的电子噪音也随之变为机房的嗡嗡声，这是一种空调机与冷却风扇的模拟环境噪声，四面布满了大型计算机与存储设备，仪表盘上的显示灯像星空一样熠熠闪烁。这是一个高速与高容量的网络心脏地带，空间中还安放了一排控制台，以供参观者查询相关的信息。

这个空间的中心是一座小型剧院——一个 9 米直径的白色球体空间，球体的底部被来自下方的灯光照射，就像围上了一圈红色的裙边。剧场的外壳是一层等离子屏幕，显示出一个网页结构图像。在幽暗的蓝光下，这个半透明的蓝色球体生动地展示出“朗讯光纤网络”的品牌形象。

进入蓝色的室内空间，四周布满了精心设计的影像。参观者的脚下是一层透明的玻璃地板，透过地面，脚下出现的星空隐喻着这是一个太空时代，双层玻璃的反射效果制造出无限深远的视觉效果，令人们感到就像飘浮在空中一样。

剧场内的玻璃地板上是一个铺着深色地毯的小岛，上面设有 20 个高背座椅。观众被罩在一座半球形投影屏幕之下，演出开始前，随着入口处的闭合（像橘子瓣一样），形成完整的半球形屏幕。随着蓝光变暗与脚下星空的消失，球体内表面慢慢地被灯光照亮。

序幕放映时，地板开始旋转，在几乎转动了 180 度后，序幕淡出，球体上两片可移动的部分再次打开，三个投影屏幕从天花板通过开口处降下。正式的演示内容由此开始（图 4–11）。

图 4–11 模拟 · 体验空间（朗讯公司展览中心剧院）：在纽伦堡的朗讯中心有一座特殊的小剧场，它是整个展示中心的亮点。这个剧场可以说是跨界的产物，它将展陈设计、工业设计与舞台设计等专业理念融为一体。

有线世界

有线世界是英国的第一家致力于数字媒体艺术的专业画廊，它坐落于英格兰北部的布拉德福德。此展览由 MET 艺术工作室与国家摄影与影视博物馆联合设计。

尽管这个常设展览的核心内容与数字技术有关，却并不聚焦于它的硬件方面，而是主要关注数字技术对人类日常生活各个方面的影响。设计师们避免采用复杂的展陈手段向观众详细介绍有关技术，而是通过邀请观众进入特定的生活情境，以一种有趣的方式亲身感受数字技术是如何改变着人们的社会认知与交流方式。展览的内容吸引了不同的人群，包括积极拥抱新技术的年轻人和对新生事物表示怀疑甚至感到焦虑的保守人群。

黑暗的空间背景使聚光灯照射下的所有展品似乎都漂浮于水面，所有的展板都是透明的，展架与电路布线全部裸露，所有结构在观众的眼前一目了然，设计师试图以此来反映数字概念的无形性。

这次展览特别有趣的一点是，它将艺术品整合在展览的结构中。所有展示内容都具有互动的性质，媒体艺术家发明了一种超越于简单的集体游戏的互动方式，利用数字手段实现人的物理运动与数字技术间的逼真互动。这一创造为观众带来了一种前所未有的新鲜感。

在这些展示项目中，有一件日本艺术家岩井俊创作的作品——“另一个时空”，它所要表现的是信息的捕捉与处理。摄像机录下正在展厅内活动的参观者的影像并在八块屏幕上同步播放，但播放出的影像却是经过八种不同变形（或特技）处理的影像，严肃的教学内容就这样以一种诙谐的“哈哈镜”方式传达给观众，使他们在笑声中得到相关的知识。

另一个特别受欢迎的艺术品是“信息的梦境”，由居住在柏林的英国艺术家保罗·塞蒙创作。它的内容很有喜感——检查视频会议中的出席与缺席的人员。现场摆放了两张床，中间有屏幕隔开并与数字终端连接。一个真人躺在第一张床上，而他的影像会同时出现在第二张床上。有时，两张床上各躺一人，而躺在身边的则分别是这两个人的影像。真人与事先录制的影像的混合具有特别强烈的梦境感。

所有这些展品吸引并使参观者兴趣盎然，情感投入的互动将他们引领到更深层次的数字技术的迷宫，用有趣的手段使他们沉浸其中，进而或许还会影响到他们今后对数字技术的态度。

这有趣的通透空间与观众的流动融为一体，数字模拟影像不断地与现实交互并碰撞出欢乐的戏剧性与笑声，人们在轻松快乐的氛围中探索着神奇的数字媒体新科技。

纽约自然博物馆生物综合馆

纽约自然博物馆生物综合馆藏品丰富，其中也讲述了许多动物在历史长河中遭遇灭绝的故事。它呼吁人类采取行动，保护生态环境，增加动物保护区以防止进一步的物种灭绝。此博物馆的参观人数众多，既有普通市民与学生，也包括来自世界各地的专业科学工作者。

在有限的展示空间里，著名的 RAA 设计团队在圆形的罗斯福大厅中将复杂的展陈内容浓缩为雄心勃勃的两个展示单元：在大厅中部再现了一片中非共和国的热带雨林和一个名为“生命之光”的长廊，在 30 余米的展线上观众看到的是各种动物与植物的标本。除此二元素外，还有一个为参观者提供互动活动与深入学习的信息资料中心。

位于显著位置的雨林是传统博物馆中“西洋镜”景观的升级版，这是 RAA 所创作出的一件引人入胜的精品，透过几十棵用硅胶翻模做出的茂密树木，观众看到的是由隐藏的投影机投射在背景幕上的高分辨率影像，隐隐约约还可以见到动物的身影，加上特殊制作合成的声音甚至气味。多媒体完美结合所呈现的幻觉为观众模拟出一个具有空间纵深感的幻觉世界（图 4–12）。

图 4–12 模拟 · 体验空间（纽约自然博物馆）：雨林景观是 RAA 所创作出的一件引人入胜的精品，透过几十棵用硅胶翻模做出的茂密树木，观众看到的是由隐藏的投影机投射在背景幕上的高分辨率影像，隐隐约约还可以见到动物的身影，加上特殊制作合成的声音，甚至气味。多媒体完美结合所呈现的幻觉为观众模拟出一个具有空间纵深感的幻觉世界。

雨林的照明处理极具挑战性，它要求灯光设计呈现出神秘的黎明氛围，晨光透过浓密的树冠洒进林中，同时还要确保林中陈列的所有标本的照明指数都要达到理想的照度以便观赏。设计师们对此进行了周密的策划，他们使用泛光灯具（如不易产生光影的管状灯具）实现日光的漫射效果并作为基本照明手段，用聚光灯与特殊造型灯对光影等进行局部刻画。此外，还设计安装了一个空气处理系统，用以制造出植物和动物的特殊气味。

18 米长的“栖息地”长廊展示的是地球上九大主要动物栖息地的相关信息，丰富的标本展示墙下还有一条信息带，上面罗列了对动植物和雨林的各种威胁，它们分别来自自然和人类。游客在参观中还会依次了解到雨林的原始状态、被自然力所改变后的状态，以及因人类的干预而产生的退化。

“生命之光”长廊与“栖息地”形成强烈反差，内容活跃并充满光明。玻璃墙上陈列了上千种不同风格的标本，从正规的由动物遗体剥制的标本到玻璃工艺模型。玻璃展墙采用内发光照明为标本提供了一个通透的背景，而投射在标本上的来自正面的新型管状泛光照明使整个 30 米的长廊显得风格简洁，使众多数量的标本看起来就像珠宝店中一件件陈放精美的珍宝。十个交互式电脑站为游客提供进一步深入了解生态与动植物生命谱的服务。

资源中心位于一个安静的角落，为参观者提供了一个学习的场所，人们主要在这里了解和探讨动植物大规模灭绝的原因。文字，图像和图表可以通过系统直接调阅。在这个相对独立的空间里分别有两面展墙：一边是“演化”墙，记录了各种对大自然的威胁；另一边的“解决方案”墙则向观众介绍了全球各种自然保护组织以及科学工作者们正在为阻止物种退化与栖息地丧失所作出的各种努力（图 4–13）。

图 4–13 模拟 · 体验空间（迈阿密科学博物馆）：利用多种技术媒体为孩子们创造出一个动静相宜，虚实结合的冒险乐园。

第二次世界大战中的斯图加特

“第二次世界大战中的斯图加特”是一个临时性展览（20 世纪 80 年代），它讲述了这座德国的工业城市在战争中被摧毁之前与之后的故事。这个展览被设置在两座相邻的建筑中，中间由一个临时搭建的隧道连接，看起来就像是战时的防空洞。这样的建筑外观清晰地揭示了展览的战争主题，不同风格的建筑隐喻着不同的年代，两者间的对话，从多方位展示出那一特定时期的城市生活，战前的亢奋以及战后遭到破坏的混乱景观。

城市的毁灭造成了历史文物的相对缺乏，这意味着展览的叙述手段将主要依赖大量的文字信息与摄影图像。然而单靠文字说明对于一个博物馆与展览来说是远远不够的，强大的展示语言还需要通过大量的视觉语言来表达和强化。设计团队尽可能地对展览进行视觉化处理，将搜集到的少量实物与电影纪录片的片段、目击者采访录音等统统充实到陈列中，尽可能使用多样化的表达手法来避免干巴巴的陈述。例如，在表现特定历史事件时，将收集到的普通居民的照片做成照片墙，在其间点缀若干生活实物，并伴随着背景音效，如希特勒或戈培尔的讲话录音，以及间或出现的空袭警报发出的凄厉嚎叫。

鉴于历史文物的缺乏，他们找到了一些可行的替代方法——模拟重建一些局部的生活场景，将少量收集到的历史文物与复制的仿真道具掺在一起摆放，加上文字、照片、材料肌理、色调等营造出一个特定的环境氛围，以引导参观者的想象。通过将抽象（如色彩与肌理）与具象（如家具与自行车）的结合，在这样的建筑空间里创造出与之相呼应的展陈语言，隐喻出战争的悲剧，尤其是这座曾以生产汽车的城市的消亡。

虽然展览使用了模拟现实与环境仿真等手段，但其目的不是为了将观众带回逼真的过去，而是为了营造一个促进思考的环境，像德国戏剧家布莱希特形容的那样，设计的目的是使观众与现实保持一定距离，以使他们能够更加理性地思考，从而得出自己的判断和结论。

实践篇

第五章　团队合作

- 室内设计
- 平面设计
- 照明设计
- 多媒体设计

在展览设计的整个过程中，设计师不但要始终把握总体创意而且还要关注每一个细节。在展览开发与制作过程中，设计也是一个合作与协调的过程。团队中除了设计人员外，还包括那些负责收集资料、文案整合、远程教育和制作人员。然而，一旦展览从案头规划阶段走入设计阶段，设计师便站在了舞台的中心。设计师必须形成一个团队，他们是具有照明设计、平面设计、室内设计、场景设计与多媒体设计等专业知识的专家，他们共同合作以创建一个多维的体验空间，他们的设计就是努力寻找一种最合适的空间和视觉形态，将参观者与内容联系起来。他们必须站在观众的角度去体验每一位观者在展厅中将会产生何样的经历与感受，应该使用什么样的独特元素才能使参观者得到一种他们从未经历过的新奇感受。这是一个多么令人振奋而又需格外谨慎的创造历程！然而，这又是一个激情中需要冷静的创作，因为它不仅仅关乎充满了想象的创造，而且涉及一系列严密的技术考虑，其中还包括最实际的预算问题。

展陈设计领域主要包括以下四个关键学科。

室内设计

这个学科主要关注展览的空间安排，包括区域划分、参观流线、展台位置与尺度、材料与艺术装饰等。室内设计负责所有设计元素，如展示柜、展墙、展窗、平台与所有建筑结构等。与一般的室内设计不同，展陈设计专家除了对空间安排与区域功能的考虑外，还必须对展览内容在视觉上有所体现，调动一切设计手段将展览空间打造成一个充满故事性的空间，通过各种模型、透视画、场景、交互式展示以及其他艺术装置，让观众沉浸在一个特定的环境中，通过身临其境般的体验加深对展览的理解与印象。

平面设计

平面设计主要包括设计展示面板、标签、墙壁、隔断和多媒体屏幕上的二维展示元素，如字体、图片、图标、图表、版式、构图等。平面设计师与室内设计师紧密合作，以确保材料、颜色、纹理以及任何连接二维和三维设计元素的图形的设计过渡。大量的内容信息都由这些元素提供，参观者也是从这些基本信息中获取对展览内容的理解，因此平面设计师必须为观众提供清晰的图片和文字的观看与阅读界面。

照明设计

展览馆内的照明设计既要考虑到基本照明功能以满足观众的观看需求，还应创造出特定的环境氛围。照明不仅必须满足文物、标本与艺术品的敏感要求（如温度），还必须考虑到参观者在戏剧性空间中的活动。作为展览设计团队的一部分，照明设计师负责对所有展陈内容的照明及整个展厅空间的照明处理。照明由一系列复杂的技术解决方案构成，包括特定的灯具、颜色、特效，以及适当地调光。一个好的照明设计可以使一个展览的艺术含量得到大大的提升，将一个平庸的空间转化为一个充满戏剧氛围的神奇世界。

多媒体设计

多媒体在现代博物馆空间和展览中发挥着越来越大的作用，因此在规划和设计过程中必须尽早地将其纳入总体设计规划。多媒体设计往往涉及多个领域的合作，如音视频及特效，多媒体与视听专家也必须与室内设计师保持密切合作，以确保合理的空间使用及照明的特殊需求（如小型影院的隔音与光控），确保设计过程中各个部门的协调发展，将展陈的最新技术发挥到极致。

以上各分部门的设计工作均在总设计师的领导下进行。总设计师应由一个具有艺术眼光，具有领导与协调能力的资深设计师担任，他能够把握整体展陈的艺术风格，对展厅空间、展台设计的完整性、外观、感觉、品质的维护等具有通盘的掌握。通常情况下，一个细微的失误或许会产生一连串的混乱。设计团队必须遵循一系列严格的设计步骤，以任何个性化决策而偏离整体风格，最终导致总体结构的凌乱与破碎，其结果就是叙事逻辑的混乱。

第六章 设计流程

- 展陈大纲
- 概念设计
- 深化设计
- 投标文件
- 施工图

展览设计一般分为五个阶段，每个阶段都具有各自不同的目标，以解决各阶段的问题。这个过程是渐进的，各阶段的设计成果都呈叠加式向前循序推进，成为下一阶段的设计基础，下面是按逻辑顺序排列的五个不同设计发展阶段。

展陈大纲

展陈大纲实际上是设计的第一阶段，尽管它不是通过图纸而是通过文字来表达。这个阶段将观众体验作为一个整体来考虑，展陈大纲包括了所有将要展出的内容与展出目的，设计团队从中获取全部内容，包括各项目参数、空间、预算以及主题。它如同一个戏剧演出的剧本，为展览团队各个部门提供了一条共同出发的起跑线。

概念设计

这个阶段开始可视化过程，为展览提供整体的外观和感受。这个初步包装将包括空间布局和流线图，主要展项的设计样式，例如多媒体场景，这些重点展项将成为观众的沉浸式驻足点或互动体验的锚地；颜色、字体和样式的平面风格，以及初选材料等。在这个阶段，概念效果图、数字模型、视频短片和实体模型等都是设计师们通常采用的表达手段，用以向客户展示展览最终视觉效果的最有效的说明媒介。概念设计是对设计方案评价研究的主要依据，能够最直观地体现设计团队对展览主题与叙事逻辑的把握、艺术创意的水准以及有关的技术考量。概念设计是极为关键的阶段，因为它不但为展览的设计建立了基线，而且更是是否能够被客户接受或中标的关键。

为完成展览的概念设计，设计团队的一系列头脑风暴、调研与资料搜集，都是为了拿出一个令人刮目相看的最佳方案。设计者们在最初的阶段总是从绘制大量的概念草图开始，以测试初步解决方案，并确保它们处于正确的轨道上。这些探索是设计过程中的一个重要时刻，因为这些早期的草图是灵动的，它们不时会迸发出灵感的火花，设计团队的每个成员都以不同的视角试图找到准确解读展览的途径。每个人都知道，相同的语言和文字是可以有多种表达的渠道，他们的任务就是找到一个能够客观生动地传达展览内涵，并让大部分观众都够认可的视觉体系。

一个负责的概念设计并非只是一个极具想象力的艺术制作，它还应伴随着理性的初步预算。这是第一次根据市场与经验做出的预算草案，以便客户在审核概念方案的同时对资金分配的合理性作出客观的评估。

深化设计

在概念设计基础上需要对方案进行深化设计。大多数情况下，深化设计从来都不是一次性完成的，而是由一系列的不断深化的方案构成的过程。由于概念方案只是一个大概的设想，有许多充满激情的创意难免还只是停留在设计师或艺术家的想象与精美的概念图上，离真正的体现还有许多实际问题需要解决。因此，深化设计是一个严谨的理性阶段，它需要对所有局部细节的详细交代。这是一个循序渐进的过程，随着设计的深化，往往被分为第一稿、第二稿、第三稿（在有的国家和地区则分为 30%、75% 和 100% 完成度），等等。

深化设计是一系列迭代设计包，这些迭代设计包在先前决策的基础上不断构建，不断充实并超越概念设计，比概念设计更丰满。同时也引申出越来越多的精彩创意，直到最终设计与解决方案被批准。深化方案是通过一系列可视化手段完成的：电脑建模、渲染，各种 CAD 技术图纸等，具体包括以下内容。

1. 平面图
2. 正视图和剖面图
3. 组件设计（展柜、模型、特殊装置、场景等）
4. 照明方案（灯位图、灯具清单、控制系统等）
5. 平面设计（模板、图案、字体等）
6. 主要饰材的技术资料或样品板
7. 互动、演示、表演说明
8. 机电图纸
9. 多媒体硬件设计、规范和显示控制
10. 多媒体软件处理

交付的所有设计方案必须包括预算。当设计方案变得越来越具体时，预算也是如此。超出预算的项目可以在此阶段的早期加以纠正，详尽的信息为最终定价提供了依据，也为客户带来更大的信心。初步预算可以由有经验的设计师提供，但最终还必须由有经验的专业人士完成。

投标文件

一旦最终设计被批准，团队将着手准备一系列的文档作为竞标的文件并正式提交给决策机构。投标文件囊括布展的方方面面，包括各分项的 CAD 图纸及技术规格，明确说明展览将如何建造以及施工如何实施，甚至对展览馆中所涉及的表演与互动组织加以阐述。

根据展览的规模与复杂程度，投标文件的格式不尽相同。小型化展览的文件可以合订为一册，但大型博物馆的投标文件则可能需要每一个设计部门（基本陈列、艺术装置、平面设计、音视频、软件开发或远程教育等）的文件单独成册，以便提交给不同的专业委员会分别进行审核。

在大型博物馆的设计实施中，由于涉及的专业众多，最为常见的是多个团队协同作战，或由一个主要团队作为主体设计牵头，然后组织若干个在某一领域独具优势的公司组成联合团队，如在建筑领域享有盛誉的专家或在音视频领域的顶尖团队。

施工图

设计阶段的最后一道工序是由具体制作单位 / 施工单位完成施工图，它比设计团队提供的 CAD 图纸更为精确、专业。这是原设计图纸的深化版，由专业绘图师根据实际材料与实际规格做出的精确图纸，它们必须达到制作与施工的工艺标准，施工方可直接据此进行下料与施工。

施工图将包括所有技术细节与要求，如接口的连接方式、反光度、螺钉的规格、孔距等。在此阶段，设计师需要反复对施工图进行核对，以监督施工方对原图纸的准确理解，确保施工图与原设计方案的既定效果保持一致。

第七章 设计原则

- 合理的空间与流线
- 准确的视觉呈现
- 新颖的表现手段

合理的空间与流线

参观路线（也被称为参观流线）是进行展览空间设计时事先为观众规划出的参观路线。设计一条合理的参观流线，以便于观众沿着一条顺畅的路径观展是展览设计中的重要部分。观众沿着这条路线去追随展览所叙述的“故事”，它应与展陈设计的平面图同时产生，在流线规划过程中，设计者必须与其他展览团队密切合作，根据展纲内容，并根据展馆的建筑空间特点，在空间规划的同时构建出一条清晰的叙事线，这条叙事线也将会成为观众参观流线的主干（图 7–1 至图 7–3）。

流线的安排有所不同，大部分展览会为参观者提供一条规范的路线，“强迫”观众按既定的路线观展；但也有一些展览则采取开放式风格，为观众提供多种路线，根据个人兴趣，自愿选择他们的参观顺序和观看他们最感兴趣的部分。

展线的规划将决定观众的观展顺序，对观众最终将获得怎样的观展经历极为重要。规划展线时首先需要保证的是，在展览场地留有足够的流通空间，尤其不可忽视公众假期时段不可避免的高峰人流。通常馆方会制定出针对参观高峰期的特殊方案，如制定多条临时参观路线，或干脆实行强制性的导流，以防止参观的人们同时拥塞于某一区域。

在这一阶段，设计师通常会不断地对自己发问：观众会在展厅中迷路吗？他们会自然地沿着预设好的观展路线参观吗？所有展品、图像、媒体与互动装置能被观众理解与接受吗？为观众提供了必要的小憩地点以及中途休息的座椅了吗？

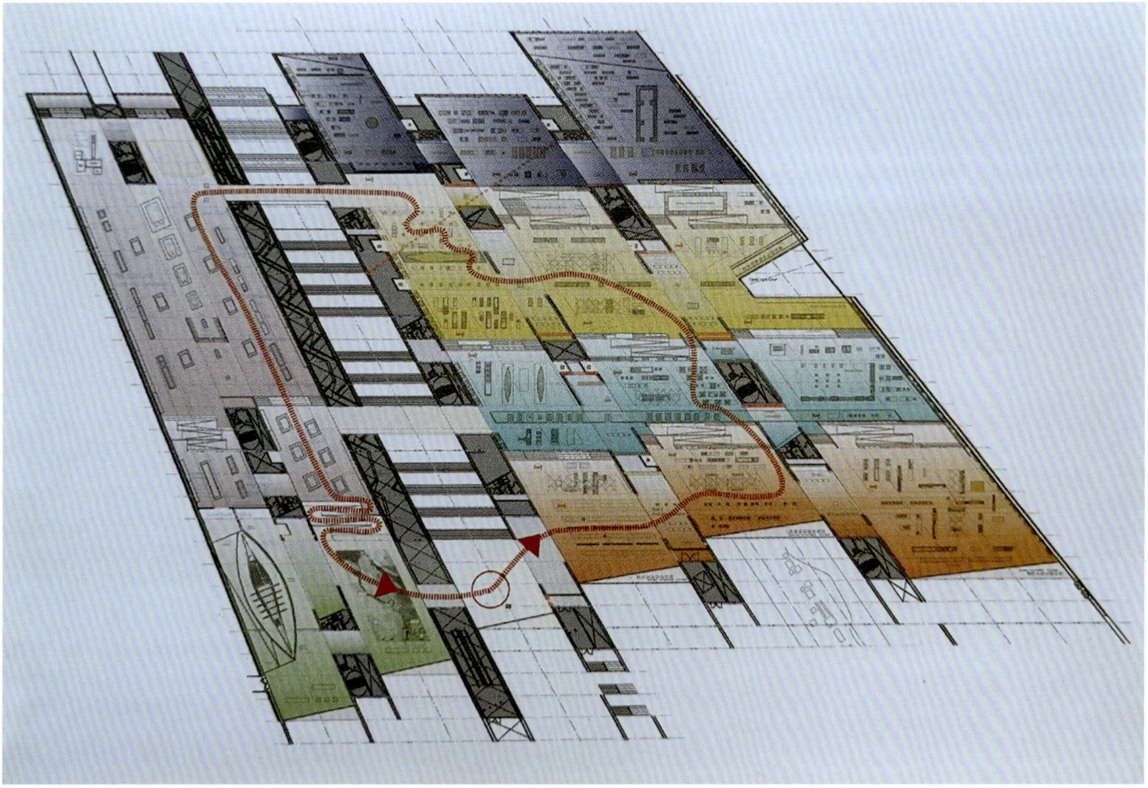

图 7-1 设计要点（合理的空间与流线）：设计一条合理的参观流线，以便于观众沿着一条顺畅的路线参观是展览设计中的重要部分，它应与展陈设计的平面图同时产生。

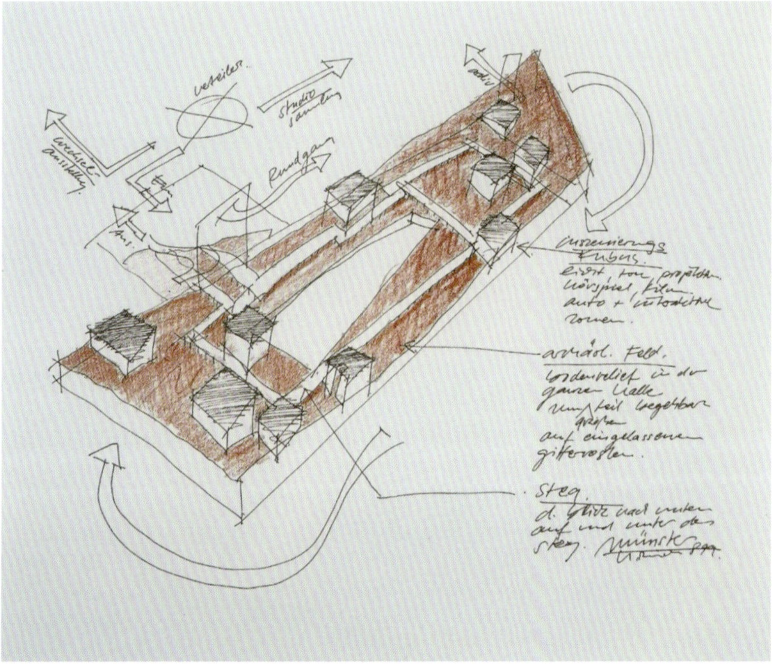

图 7-2 设计要点（合理的空间与流线）：设计草图，在空间规划的同时构建出一条清晰的叙事线，这条叙事线也将会成为观众参观流线的主干。

图 7-3 设计要点（合理的空间与流线）：在模型中规划参观流线。

许多有关展陈设计的专著都曾对流线问题进行过不同的探讨。除了少数赞同单一流线，大多数论点却倾向于由参观者自由选择自己的参观路径。在美国博物馆学者约翰・弗科与林・迪金合著的《博物馆体验》一书中，他们认为“视觉变化与吸引在减少精神疲劳中发挥着关键作用，并由此引述了多种引导参观人流的不同模式 。下面就不同的流线特点进行具体的探讨。

● 展线顺序与观众的流动方向

作为一条公认的规则，世界上大部分博物馆都采用顺时针方向，即从左手开始，然后向右沿着展览空间的左侧墙开始观展。这是因为世界主要的语言文字都是从左向右读起的，但在中东的阿拉伯语国家的文字则相反（从右向左读起），因此在中东阿拉伯的博物馆里观众则大多按相反的路线，逆时针参观。

● 单一参观路线

单一参观路线确保所有参观者都会得到相同的观展经历，这样可以使博物馆的策展方构建一个观展的逻辑架构，根据展纲的先后顺序，引导观众经历展览的全过程，最终使他们得到一个完整的印象。单一路径尤其对于那些观众缺少了解的领域显得十分必要，例如科学博物馆这些知识性与逻辑性较强的地方。这些博物馆或展览一般在开头都会有一个简要的介绍，以便为参观者事先灌输一些必要的知识储备。基本常识的建立有助于对随后深入参观的理解与消化，这种引人入胜的过程被称为展览架构。许多商业展览也采用同样的技术，例如，在参观者进入主展厅之前，他们可能会在序厅中首先观赏一部影片，这部影片会让他们沉浸在一系列旨在传达公司品牌价值的故事当中。这种带入式的介绍影片往往是非常有效的，它使参观者更容易接受公司的营销和产品，成为某一品牌的拥趸。但值得注意的是，单一路径也不是唯一的选择，尤其对于那些场地有限的博物馆空间，单一路径的空间利用率较低，通常涉及观众流量的控制问题，并且需要严格限制观众的“停留时间”。

这是一种强迫引导观众参观流线的设计。观众沿着预先设计好的路线依次参观，基本上没有自己的选择。较为典型的案例是迪士尼乐园，园中大部分项目都是按照这种模式而规划，像多年来一直最受欢迎的《小小世界》，所有观众是坐在小船中，沿着一条小河去“环游世界”；其他还有太空船、人行传送带等多种“强制性”手段，引导观众自然地进入故事情节的线性顺序，并遵循设计者的意愿，依次体验不同的场景，最终得到完整的叙事体验。另一个例子是华盛顿特区的大屠杀博物馆，从博物馆的一楼入口处，参观者们乘坐电梯直接来到故事开始的顶层，然后再沿着精心设计的展线，随着战争的进展、种族迫害、集中营的恐怖等，按时间顺序又回到一楼。

● 多通道参观路线

多通道观展有助于缓解观众流量管理的压力，对观众来说也意味着更大的参观自由，为他们提供了按照自己兴趣，并根据展厅的拥堵程度随时调整自己的参观路线。然而，多路径展览需要提供明确的标识与定位信息，随时提醒观众自己身在何处，因为虽然他们可以随心所欲地决定自己的参观路径却仍然需要知道自己在整体展览架构中的位置及其环境。当今许多重要的博物馆都采用了多通道参观路径，展览设计师们经常会设计出多条不同的参观路线，譬如专门为有组织观众专门开辟的团体通道。有时也会按照不同的科目采用多条平行的路径，例如，在自然历史博物馆中，同一时期的植物与人类生物学可以被分为两条不同的参观路线。

● 同心圆式展线

同心圆展览布局是由 19 世纪英国的博物馆学家与探险家亨利・里弗斯设计发明的，这是为计划中的牛津彼得博物馆做的设计提案，然而他的这一新颖设想最终并没有付诸实践。里弗斯设想在一个展示历代器皿的展厅中，首先将最原始的器皿摆放在中心位置，然后按照年代顺序一环环向外排列，如旧石器时代、新石器时代、青铜器时代等，就像树干的年轮一样，一层层向外扩散，观众从同心圆开始，沿着环形历史路径观赏历代各种器皿及它们的演变踪迹。

这种形式的特点是将核心展品置于中心位置，围绕在周围的是其他附属展品。许多博物馆都采用了这种布展方式，中心枢纽作为共同的集散地和展厅的焦点。众所周知的例子是纽约的自然历史博物馆、华盛顿的国家博物馆、芝加哥的菲尔德博物馆及其标志性的斯坦利大厅，华盛顿特区的自然历史博物馆，中央圆形大厅与标志性的非洲雄象等。这种陈列方式有利于清楚地点明具有丰富内容的中心主题，参观者可以在进入展厅的瞬间得到明确的主题与内容的相关信息。

● 星形布局

展览可以围绕“明星”展品进行布局，因为观众的注意力非常容易被那些重要展品所吸引。可以利用这种吸引力将那些看起来不太起眼的展品围绕这些“明星”摆放，以主要展品带动次要展品，这样会有利于整个展厅布局的均衡。研究显示，过多同类展品的重复陈列方式会造成观众沉闷的观展体验，因此这种星形展陈布局方法对于破除这种沉闷非常有效。20 世纪 90 年代末维多利亚和艾伯特博物馆在重新设计英国画廊时就采用了这种方法。在改造之前，所有展品一直严格地按照分类法陈列，但这些展品（如服装、家具、生活用品等）的常规陈列似乎并不能引起参观者的强烈兴致。重新设计后，设计师们以最大限度地提高游客的享受度，突出戏剧性为出发点，打破僵硬的文物分类条列，将不同种类的展品进行合理搭配，形成以精彩展品为核心的一个个展示群或相对独立的空间场景。这种令人兴奋的尝试至少带来双重的效果：明星展品既带动了其周边的一般展品，使观众们在趋向主要展品时也能顺便看到它们；也为展厅的整体参观节奏带来一种韵律，并增强了对下一步观展的期望。

● 阵列布局

在展陈设计中经常将那些在同一主题下的同类展品集中在一起摆放，尤其在数量较多的情况下，采用阵列的布局形式。此种陈列方式的目的之一就是建立起它们之间的视觉联系，希望观众在观赏这些展品时能够将它们作为一个整体来看待，在它们之间进行比较，而不至于将它们看作是毫无关联的单独个体。2009年 LV 在北京的回顾展就采用了多种阵列布局，其中一个展区的设计是将某一时代的 LV 精品分别摆放在一个个排列齐整的玻璃展柜中，在近百个展柜的下面则是一个由灯光照亮的巨大乳白色平台，使观众强烈感受到如此琳琅满目的展品全部浸淫在一个高度统一、简练与时尚的氛围之中。

设计阵列布局时应特别注意展台之间的距离，根据展厅的尺寸与观众的流量做出精确的设计。此外每件独立展柜的安全与稳定性也必须十分牢靠，以防范不经意间可能会发生的碰撞。

● 扇形布局

扇形布局（或开放式布局）较多用于各种商业用途的展览会。特别是对于那些意在走马观花的非专业参观者，这些等距离铺开陈列的展品可以在瞬间当中被一览无遗，而尽量减少不必要停留和驻足仔细观看。大部分参观商展的观众与参观博物馆的观众具有明显不同的观展态度，他们较少有兴趣长时间地观看某一件展品，驻足思索的情况也较少发生，他们移动的节奏较快，以便尽快找到并锁定自己感兴趣的展位。从这一点考虑，扇形布局的开放特点为此提供了特别的便利。

● 地图导览

在一些较大的展览空间里，为避免规定过于复杂的参观流线，但又要保证观众能够清楚地知道自己的位置及所要寻找的目标，越来越多的博物馆采用了交互式导览图的方法，而不再需要刻意地规定出参观路线。这种方法尤其在那些陈列顺序较为开放的综合性博物馆中较为常见，在展厅入口处或展厅中心的显著位置（根据需要也可设多处），交互式导览图成为类似“咨询处”一样的锚地，观众在这里迅速了解所有展示的内容、在展厅中的位置并据此规划自己的参观顺序与路径。尤其在那些较大型的博物馆中，由于展览内容极为丰富，建筑空间也可能较为复杂（特别是多层建筑），观众可以多次查询互动导览图，多次对自己的参观路线进行调整。

● 散点

散点式布局可以使参观者自己拥有较多的主动性，允许他们在展览中自由选择非线性路径，以期在参观过程中发现意外的惊喜。在此流线路径中，参观者可以得到较多的观展自由，通过交错与重叠的方式反复浏览展览的内容。因此，叙事的章节、路径以及空间的安排虽然相互关联，却没有严格的顺序。例如，富兰克林研究所（儿童科学博物馆）中的元素岛（这是一个包含人类赖以生存的四大元素的主题区域），尽管它们之间联系紧密，但每个区域都相对独立，游客可以随意探索。如代表光的灯塔、代表空气的帆船、代表水的水轮和代表大地的洞穴，它们以突出的视像锚定了各自所代表的物质空间，供参观者自己去探索与发现。散点式布局的特点在于，没有中央叙事主动脉，博物馆与设计师对观众定位的控制较少。通常，馆方会在入口处设置一幅导览图，为参观者提供一份参观指南，以便他们了解展览内容及所在位置，并据此大概推算出自己想要优先观看的部分与大概的时间分配。

然而，如果提前知道了一切，可能会是一个无聊的展览，所以在布展时也需要制造一些悬念。散点式的布展风格恰恰可能会帮助制造一些混乱或迷失，以作为增加空间趣味与悬念的一种方式。正如弗科与迪金合所提出的论点一样："多样性和刺激可以帮助减少精神疲劳。"

● 全开放

开放式布局创造了一个完全没有视觉障碍的展览空间，除了室内的一切一览无遗，观众也可以完全自由选择自己的参观路径。观众可以快速直奔他们感兴趣的区域或展台，并自由掌握自己的停留时间。

旧金山的建筑师伯纳德·梅柏克为 1915 年的巴拿马太平洋国际博览会所设计的美术宫就是对开放式布局的典型诠释。这个巨大的车库般的开放空间在博览会之后不久被弗兰克·奥本海默回购，并将它辟为探索博物馆的新馆。观众身处开放的空间时将更加有利于进行深度的探索，而不是被动跟随人流的走马观花。（探索博物馆于 2013 年春季迁至海滨栈桥 15–17 号）新馆的展览面积比老馆扩大了三倍，却仍然延续了老馆的开放式设计原则。

但开放式布局也带有明显的不足，其中广为大家诟病的问题主要有：大空间的视觉无障碍会降低减少观众惊喜的机会，也会使观众，尤其是年轻观众易于产生视觉疲劳；另外，无障碍空间的声学效果不易控制，隔音效果较差，具体表现在观展环境比较嘈杂。因此也曾有人试图通过设计不同尺度与层次的视觉装置来提升视觉观感，通过定向音场消除噪音等手段来弥补这些不足。

以上所列举方法中的每一种其实都具有各自的优势，使用其中任何一种布展方式并不意味着排除其他的方式，许多成功的展览都同时采用了多种形式的布展方法。例如，在入口处的狭窄空间里可能会采用单一流线，但随后当观众进入一个较为宽敞的空间时，就有可能采取分流的散点布局或核心辐射等。总之，理想的展线设计与空间设计一样，需要在节奏上有所变化，以展览的主题叙述为主干，创造出丰富的动态韵律（图 7–4 至图 7–14）。

图 7-4 设计要点（合理的空间与流线）：单一参观路线，这是一种强迫性引导观众参观流线的设计，观众沿着预先设计好的路线依次参观，基本上没有自己的选择，图为迪斯尼乐园中的“小小世界”。

图 7-5 设计要点（合理的空间与流线）：同心圆式展线，这种形式的特点是将核心展品置于中心位置，围绕在周围的是其他附属展品，许多博物馆都采用了这种布展方式，图为芝加哥菲尔德博物馆的斯坦利大厅。

图 7-6 设计要点（合理的空间与流线）：阵列式布展，在展陈设计中经常将那些在同一主题下的同类展品集中在一起摆放，尤其在数量较多的情况下，采用阵列的布局形式。此种陈列方式的目的之一就是建立起它们之间的视觉联系，希望观众在观赏这些展品时能够将它们作为一个整体来看待，图为路易·威登回顾展。

图 7-7 设计要点（合理的空间与流线）：开放式布展，这种布局创造了一个完全没有视觉障碍的展览空间，除了室内的一切一览无遗，观众也可以完全自由选择自己的参观路径，可以快速直奔他们感兴趣的区域或展台，并自由掌握自己的停留时间，图为旧金山探索博物馆。

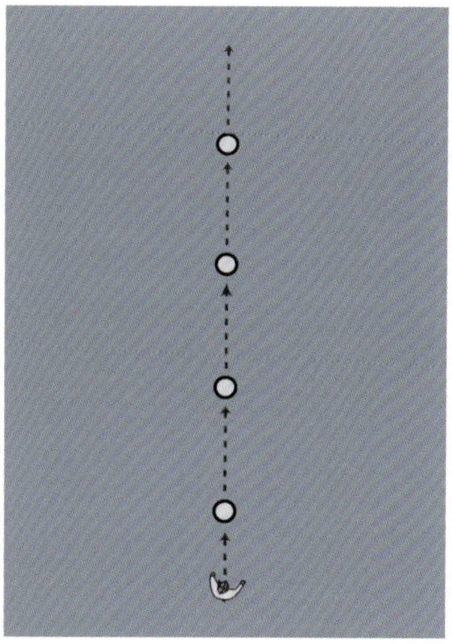

图 7-8 设计要点（合理的空间与流线）：单一参观路线。

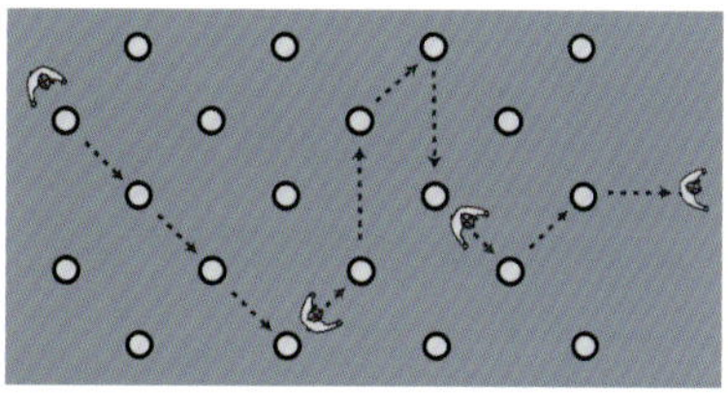

图 7-9 设计要点（合理的空间与流线）：多通道参观路线。

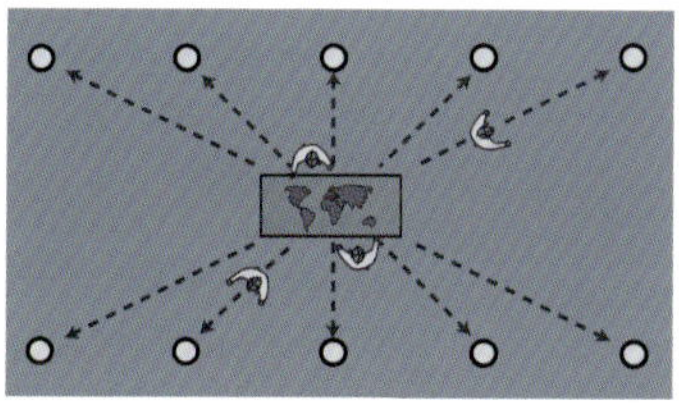

图 7-10 设计要点（合理的空间与流线）：对应式布局。

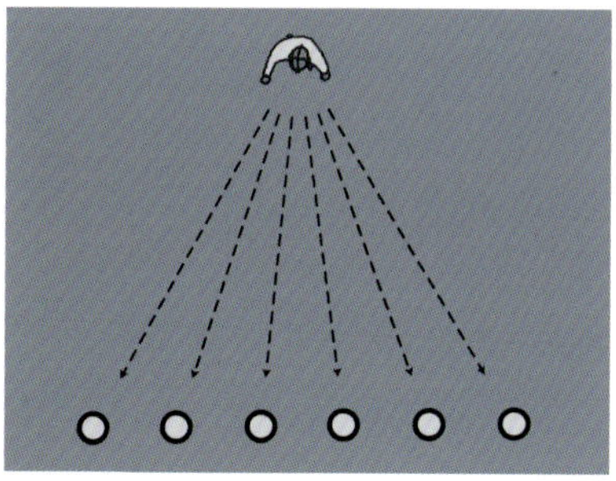

图 7-11 设计要点（合理的空间与流线）：扇形布局。

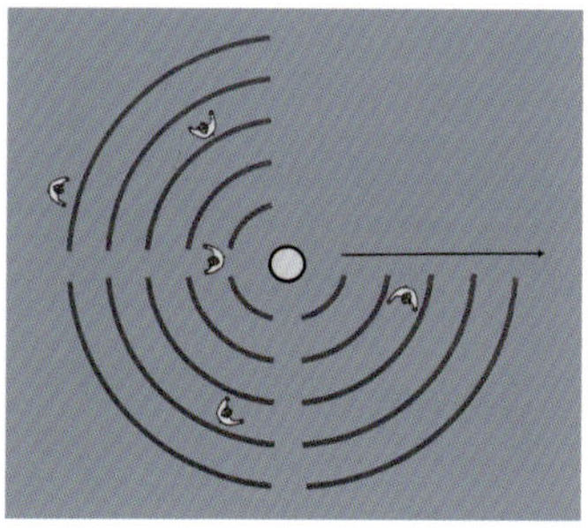

图 7-12 设计要点（合理的空间与流线）：同心圆式布局。

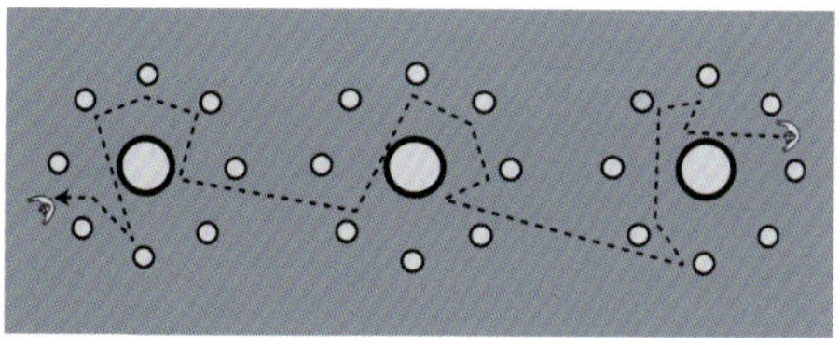

图 7-13 设计要点（合理的空间与流线）：星形布局。

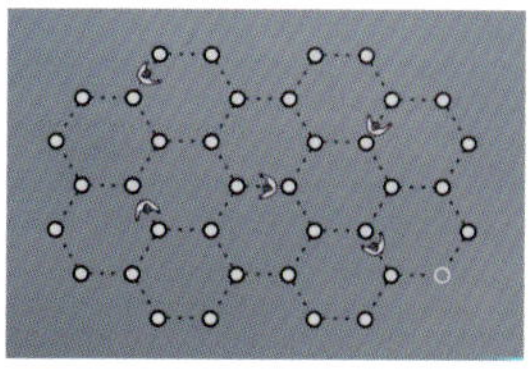

图 7-14 设计要点（合理的空间与流线）：阵列式布局。

准确的视觉呈现

“文字—形象”这一转化过程是适用于所有命题艺术创作的公式，而博物馆的展陈设计就绝对属于这样的命题创作。因此，如何将展纲的文字转化为生动的展示形象是衡量一个展陈设计方案是否优秀的重要考量。从初读展纲的那一刻起，怎样将展纲中那一段段文字变为三维立体空间中的一系列实物组合就成为设计师们思考的“结”，也是评审员们在评选时聚焦的“点”。

不可否认，设计的最难之处在于将文字的描述准确地转述为形象表达，将文字信息转化为视觉符号传递给观众。譬如该怎样表达“寂静”与“喧嚣”这一对抽象的文字描述，作为视觉艺术家的你就需要以适当的画面将它们转译为形象化的语言。你或许采用写实手法以月色下的山谷表述“宁静”；以节日的农贸集市表现“喧嚣”；你也许是采用较为含蓄的象征的手法来表现同样的命题：如用一组兰花表达宁静，而选用鞭炮代表喧嚣。作为展览设计师，你一定也不会忘记色彩的象征语言：以一种清淡素雅的柔和色调来表现宁静；用一组色彩鲜明或对比强烈的氛围来烘托喧嚣。

形象思维是一切文学与艺术表达的特征与基础，在具体的创作过程中，艺术家们最常使用的创作手段就是“隐喻”和“象征”。

● 隐喻

隐喻是用一种事物暗喻另一种事物，也是常用的艺术手法之一。

在博物馆设计中，纽约新建的“911”国家纪念博物馆室外的两个巨大的水池堪称成功运用隐喻手法的绝妙范例。这两个水池本是被飞机撞塌的世贸中心双子塔的原址，新的世贸大楼并未在原地基上重建，而是利用两个原址废墟留下的深坑建成了两座巨型纪念池。水池分为两层，上面一层四周是哗哗流水的瀑布，下面一层是一个收窄的深不见底的方形深潭，水流汇聚后向下流入深潭。水池四周的边沿是一圈连绵不断的铜质纪念名牌，上面刻着遇难者的名字。这一智慧的设计极为巧妙地将原址加以利用，以流水隐喻生命的流逝。站在池边，眼见着流水坠入深潭，参观者的心绪自然进入对逝者的哀思与对人类悲剧的思考（图 7–15）。

图 7–15 设计要点（准确的视觉呈现）："911" 国家纪念博物馆室外的两个巨大的水池堪称成功运用隐喻手法的绝妙范例：这两个水池本是被飞机撞塌的世贸中心双子塔的原址，新的世贸大楼并未在原地基上重建，而是利用两个原址废墟留下的深坑建成了两座巨型纪念池。水池分为两层，上面一层四周是哗哗流水的瀑布，下面一层是一个收窄的深不见底的方形深潭。站在池边，眼见着流水坠入深潭，参观者的心绪自然进入对逝者的哀思与对人类悲剧的思考。

● 象征

象征手法是根据事物之间的某种联系，借助某人某物的具体形象（象征体），以表现某种抽象的概念、思想和情感。在文学创作中，它可以使文章立意高远，含蓄深刻。在艺术创作中恰当地运用象征手法，可以将某些比较抽象的精神品质化为可以感知的形象，从而给观众留下深刻的印象，留下更绵长的记忆。

2014 年纪念第一次世界大战爆发 100 年的活动中，在著名的伦敦塔博物馆，888246 朵用陶瓷做的罂粟花从塔堡中流淌出来，象征着第一次世界大战阵亡 888246 名英军士兵流淌的鲜血，与此同时，同样主题的纪念活动也正在伯明翰的广场上进行，艺术家奈利·艾泽维多摆上了5000个冰雕人，在观众的围观下慢慢融化（图7-16、图7-17）。

图7-16 设计要点（准确的视觉呈现）：纪念第一次世界大战爆发100年的活动中，在著名的伦敦塔博物馆，888246朵用陶瓷做的罂粟花从塔堡中流淌出来，象征着第一次世界大战阵亡的888246名英军士兵流淌的鲜血。

图7-17 设计要点（准确的视觉呈现）：纪念第一次世界大战爆发100年的活动，同样主题的纪念活动也正在伯明翰的广场上进行，艺术家奈利·艾泽维多摆上了5000个冰雕人，在观众的围观下慢慢融化。

乌克兰爱国战争博物馆的入口大厅正中，是一座纪念第二次世界大战胜利的雕塑。但这座雕塑并不如我们通常想象的那样歌颂胜利者的欢庆或凯旋，而展现在参观者眼前的却是一座倒在一片乱石中的纳粹党徽。这只象征着法西斯德国的鹰终于被打翻在地，战败者彻底失去了昔日高高在上的威严。这座主题鲜明、立意独特的雕塑清晰地点明了博物馆的主题，为展览奠定了胜利者的基调（图7-18）。

图 7-18 设计要点（准确的视觉呈现）：乌克兰爱国战争博物馆中的一座纪念第二次世界大战胜利的雕塑。这座雕塑并不如我们通常想象的那样歌颂胜利者的欢庆或凯旋，而展现在参观者眼前的却是一座倒在一片乱石中的纳粹党徽。这只象征着法西斯德国的鹰终于被打翻在地，战败者彻底失去了昔日高高在上的威严。

洛杉矶城市博物馆的广场上矗立着一组世界著名的雕塑群“城市之光”，由艺术家博尔顿创作。与其说是雕塑，其实更准确地说是一组现代装置艺术，这是由 202 根 20 世纪二三十年代的路灯组成的装置群，远处望去蔚为壮观，置身其中犹如身在迷宫，尤其夜晚时分，这些由太阳能点亮的华灯显得更为璀璨。2008 年洛杉矶城市博物馆将它作为城市的符号放置在最为重要的位置，作为博物馆的形象代言，它更象征着这座世界文化名城那充满能量与活力的精神（图 7-19）。

图 7-19 设计要点（准确的视觉呈现）：洛杉矶城市博物馆的雕塑群“城市之光”，它象征着这座世界文化名城那充满能量与活力的精神。

美国的哈雷摩托车博物馆，整个展馆从里到外传达给参观者的就是金属感。这种阳刚之气来自美国的特殊年代与文化。20世纪的第二次世界大战结束后，那些参战的老兵陆续退伍回家，从战场退役的战时军品摩托车（哈雷·戴维斯厂生产）也继而成了这些年轻退伍兵的宠物，美国到处可以见到骑着哈雷·戴维斯的他们。自此哈雷成为历代年轻人追求时尚与阳刚的图腾，金属的质感也成为它的形象代言。特别值得一提的是2008年的哈雷的开馆仪式，剪彩的环节不是通常的剪断绸带而是用气割枪锯断钢缆（图7–20）。

图7–20 设计要点（准确的视觉呈现）：美国哈雷摩托车博物馆，整个展馆从里到外传达给参观者的就是金属感，金属的质感已成为哈雷的形象代言，也是历代年轻人追求时尚与阳刚的图腾。

新颖的表现手段

一个令人印象深刻并能使人经久不忘的展览一定具有完美的艺术包装。强大的视觉震撼力一般都来自不同凡响的表现形式。博物馆展陈的表现手段应调动一切能够引起观众注意的可能，它所包含的手段除了建筑艺术与空间的设计，还吸收了其他艺术门类的表现手法，包括舞台艺术、影视艺术、绘画、雕塑、装饰艺术、现代装置艺术、民间艺术甚至表演艺术与橱窗设计等。凡能吸引观众、能够产生深刻印象、引发视觉震撼的手段统统应该进入设计师的视野，用以创造出戏剧性的展示氛围。同时展陈设计师也要不断善于发现、跟踪与运用最新的技术发明与成果。艺术的表达永无穷尽，追求生动的视觉表现至少可以从以下几个方面入手。

● 空间丰富多样

博物馆空间本身错落有致，展陈的表现手段不但要体现内容，也需要在视觉表达方面配合空间的节奏。展览的巨大信息量必须诉诸多种渠道传达给观众，因为过多的文字阅读会让观众感到疲劳，而通过丰富的视觉表现手段则可以提升观众的参观兴致。首先是巧妙的空间布局，如移步换景、曲径通幽、虚实结合等，这些建筑与园林的空间设计原则也同样适用于博物馆的空间设计。

包括传统的博物馆在内，展厅的大小布局与顺序都会按一定的节奏排列，形成前厅、序厅、主厅、副厅、卫星厅、走廊或广场一类的空间形式。如纽约大都会博物馆，浩瀚的藏品数量极易流于杂乱，使观者不知其踪并迷失方向。但大都会博物馆的设计理念却非常巧妙地首先按照世界史年代与区域文明划分，如古埃及、希腊罗马、远东、中东等，进而又在大的时代与地域划分的基础上进行空间的主次搭配。如整个博物馆中设有若干个大型场景主馆，如“古埃及神庙”“中式园林（苏园）”“中世纪庭院”与“美国广场”等，而围绕着这几个大厅的则是相关的具体展览内容。如此的空间布局真可谓一举数得，观众的参观节奏张弛有度，既可以在各个副厅的展品中凝神欣赏，又可以在观展中途在主厅中小憩时享受景观（图 7–21）。

图 7–21 设计要点（新颖的表现手段）：大都会博物馆的设计理念按照世界史年代与区域文明划分，整个博物馆中设有若干个大型场景主馆，如“古埃及神庙”“中式园林（苏园）”“中世纪庭院”等，如此的空间布局真可谓一举数得，既可以在各个副厅的展品中凝神欣赏，又可以在观展中途在主厅中小憩时享受景观。

另一个现代版的范例是纽约的“911”国家纪念馆。展馆的空间内外呼应，室外两个巨大的水池标示着建筑的原址，室内部分（纪念馆展厅）在地下沿下沉的水池四周布局；观众从地面的建筑入口进入博物馆，宽敞的倾斜坡道引导观众深入地下展厅，沿线像雕塑一样点缀着被大火烧得变形的钢架和滚梯废墟，从通道上间或设置的平台向下看去，可以看到底层纵深的原建筑地基。展馆的地下建筑空间设计丰富，流线多样，步步借景，大小虚实结合，有收有放，大中有小，宏观微观（细节）的结合堪称精彩（图 7–22）。

图 7–22 设计要点（新颖的表现手段）：“911”国家纪念馆，观众从地面的建筑入口进入博物馆，宽敞的倾斜坡道引导观众深入地下展厅，沿线像雕塑一样点缀着被大火烧得变形的钢架和滚梯废墟，从通道上间或设置的平台向下看去，可以看到底层纵深的原建筑地基，展馆的地下建筑空间设计丰富，流线多样。

● 形式新颖新奇

展陈形式的创新占有越来越大的比重。随着全球博物馆数量的日益增多，广大民众访问博物馆的机会与次数也随之增加，自然人们的见识与口味也会不断提升，他们会渐渐不满足于传统的观展方式，总会期待着博物馆给他们带来一些意想不到的东西。

展陈设计师们与其他行业的艺术家一样，也一直在孜孜以求地努力着，每当接受一个新的项目，如何找到最新颖的展陈艺术形式就成为设计的核心。

坐落于日本横滨的方便面博物馆是一个非常奇特的展览，不但主题别致，整个展览的设计也很有特色。简约、现代是它展示给来访者们的第一印象，从建筑外观，极简主义的艺术风格，甚至地板与墙面的颜色都高度协调，充分展示出日本的文化特点。“方便面”的主题处处可见，从玻璃展柜中一排排五颜六色的泡面到单色醒目的主题雕塑；从参观者亲自动手参与制作的车间到看起来像个工厂但实际上是个供孩子们嬉戏的主题乐园，从方便面诞生的历史到供大家品尝的特色餐厅，这里的一切都令人感到新奇与轻松（图 7–23）。

图 7–23 设计要点（新颖的表现手段）：日本方便面博物馆，产品仓库被设计成一座儿童游戏场。

位于德国慕尼黑，建于 1973 年的宝马汽车博物馆是一个极为成功的工业主题馆。它那被叫作“灵感”的动态装置表演（动态雕塑）吸引了来自全世界参观者的眼球。这是最早的 3D 矩阵表演装置，714 个悬吊的钢球在数控电机的驱动下，在空中组成不断变换的三维图案，包括在空中组成一个漂亮的汽车雕塑。这个装置是这座博物馆的点睛之作，尽管位于斯图加特的奔驰博物馆的设计也极为精彩，但宝马博物馆单凭这座“灵感”装置就足以令所有到访者过目不忘，也令广大设计同行们拍案叫绝（图 7–24）。

图 7–24 设计要点（新颖的表现手段）：宝马汽车博物馆的动态雕塑吸引了来自全世界参观者的眼球，这是最早的 3D 矩阵表演装置，714 个悬吊的钢球在数控电机的驱动下，在空中组成不断变换的三维图案，包括在空中组成一个漂亮的汽车雕塑。

● 先进的技术手段

毋庸置疑，近年来科技手段的不断创新对博物馆展陈设计产生了巨大影响，也使博物馆的魅力较从前大大增强。各种新的发明创造不断地被博物馆与展览界借鉴继而转化为新的展陈语言，成为新的叙事手段。尤其在与观众的互动方面，这些新的技术手段更是不可替代的基础保证。

从 20 世纪中期开始，随着战后科技进步的加速，幻影成像、新光源、屏幕显示技术、数控技术、VR、AR 等一系列声光电的技术成果为各种博物馆带来了前所未有的新面貌。不但科技类博物馆理所当然地垂青科技表现，就连那些传统型的文史类博物馆也无不争先恐后地对那些既实用又充满魅力的声光电手段加大引进的力度。以下的几个案例尽管不足以概括当今博物馆在科技领域发展的全貌，但至少可以使我们窥探到一些发展的趋势。

美国克利夫兰艺术博物馆的第一画廊被开辟为一个互动的艺术空间，包括画室互动、第一画廊、藏品墙和艺术广角镜等展览项目。例如，在画室互动中，参与者可以进行模拟的绘画、雕塑、陶艺等创作，其效果即时在屏幕中显示出来；而“艺术广角镜”则是通过平板电脑或手机与特定的 App 连接，当你对准某一幅艺术作品时，这幅作品的所有信息便会显现。所有这些精心开发的技术互动为参观者提供了一种前所未有的艺术体验，设计与技术无缝连接、高度融合，观众在新奇的技术氛围内享受着充满乐趣的艺术熏陶（图 7–25、图 7–26）。

图 7–25 设计要点（先进的技术手段）：美国克利夫兰艺术博物馆的第一画廊被开辟为一个互动的艺术空间。

图 7–26 设计要点（先进的技术手段）：美国克利夫兰艺术博物馆“艺术广角镜”，通过平板电脑或手机与特定的 App 连接，当你对准某一幅艺术作品时，这幅作品的所有信息便会显现。

纽约昆士科学博物馆的“可持续发展”互动装置极大地吸引了小观众，20 多台投影机在墙面和地板上投出一幅童趣盎然的大自然画面，参与互动的观众通过自己的各种动作和画面中的河流、森林、山川与各种小动物产生交互，从中学习与领悟有关自然保护与可持续发展的知识（图 7–27）。

图 7–27 设计要点（先进的技术手段）：纽约昆士科学博物馆，20 多台投影机在墙面和地板上投出一幅大自然画面，参与互动的观众通过自己的各种动作和画面中的河流、森林、山川与各种小动物产生交互，从中学习与领悟有关自然保护与可持续发展的有关知识。

伊利诺伊大屠杀纪念教育中心创造性地将全息投影与互动结合，将这一迅速普及的科技手段提升到一个新的层次。我们知道，全息影像都是提前录制完成，然后向观众播放，它的目的仅仅是为了产生一种模拟出的视觉真实，其被播出的影像毕竟还属于过去时态，不可能与观众当场互动交流。但该教育中心的全息影像却被设计成能与观众互动，可以当场回答问题的“即时互动”模式。他们采用的方法是这样的——讲台上“端坐着”大屠杀幸存者的三维全息影像，在幸存者的演讲结束后，台下的观众举手提问，由演讲者当场回答。原来，这一切都是提前准备好的，博物馆团队事先对观众可能会提出的问题做了大量的预判，精心准备了多达 1200 个问题与相应的回答，然后将这些问题与答案输入人工智能系统。因此，观众的提问在经过语音识别与处理后，智能系统便会迅速找出对应的答案（图 7–28）。

图 7–28 设计要点（先进的技术手段）：伊利诺伊大屠杀纪念教育中心创造性地将全息投影与互动结合，台下的观众举手提问，由全息演讲者当场回答。

荷兰的克里莫艺术博物馆（Kremer）是一座全虚拟 VR 博物馆。克里莫家族拥有 80 余幅伦勃朗等尼德兰艺术家的名画，他们特别希望将自己的收藏与公众共享，但修建一个博物馆的想法却几乎是一个不可实现的梦想。碰巧的是，克里莫家族的第三代小克里莫所学的专业恰好是电子科技，因此建立一个虚拟博物馆的想法就成为可行的选项。这座“博物馆”没有自己固定的场馆，而是一座彻头彻尾的虚拟艺术画廊，它的场馆硬件只需 VR 头盔、控制手柄与一组定位器。戴上头盔，参观者进入一个酷似宇宙空间站一样的空间，圆形建筑的墙上挂满一圈大师们的画作，移动脚步或通过操纵手柄，你就可以来到任何一幅画的面前，连同精美的画框都与画作一样精细逼真。与此同时，你还可以通过手柄操作调出此幅作品的所有资料与技术细节。目前，这座虚拟博物馆已到过许多地方进行巡展，包括在实体博物馆中的展出或和学校等文化科研单位的推介与交流（图 7–29）。

图 7–29 设计要点（先进的技术手段）：荷兰的克里莫艺术博物馆（Kremer）是一座全虚拟 VR 博物馆，这座虚拟博物馆已到过许多地方进行巡展，包括在实体博物馆中的展出或和学校等文化科研单位的推介与交流。

第八章 设计思维

- 主题形象
- 想象力
- 视觉符号
- 造型要素

对以上所列要素的把握，是每一位从事任何与艺术有关的人员都应具备的基本功。对一名设计师而言，对任务主题的准确理解；丰富的想象力；视觉形象符号的选择；对各种造型元素的熟悉与运用，所有这些都会直接转化为展览的最终效果与品质，体现出艺术含量的多寡。

主题形象

不言而喻，每一个博物馆都有自己的主题，如第一次世界大战博物馆、犹太大屠杀纪念馆等。但主题不仅仅体现在博物馆的文字标题上，而更应调动一切手段将主题形象化视觉化，力求以生动的艺术形象使观众过目不忘，进而引发强烈的共鸣并产生长久的印象。伦敦战争博物馆的大门口，观众在进入博物馆前迎面看到的就是一尊巨大的第一次世界大战时期的舰炮，雄伟的炮口直至天穹。那么作为参观者，看到它你会对即将进入的展厅有何期待呢（图 8–1）？

主题形象是每一个设计师从设计一开始就在努力寻找的目标。突出的主题形象可以是一个具象的物体，也可以仅仅是一种激发观众联想的特殊材质或肌理，它不但可以丰富展出环境的艺术含量，能帮助主题精神的传递，还可以加强展览的戏剧性和观赏性。比如在东京大江户博物馆的那座夺目的江户大桥，作为整个展览的起点，参观者全部由六楼的入口进入展厅，宏伟的木桥立即出现在你的面前，走上桥面看到的是桥栏上精美的铜饰，对

图 8-1 设计要点（主题形象）：伦敦战争博物馆的大门口，观众在进入博物馆前迎面看到的就是一尊巨大的第一次世界大战时期的舰炮，雄伟的炮口直至天穹。那么作为参观者，看到它你会对即将进入的展厅有何期待呢？

面是一座座江户时代的建筑模型，桥下则是流动的人流。此刻，站在桥头不必挪步，江户时期"昔日的繁华"迎面扑来，一座木桥带给你不尽的遐想（图 8–2）。美国的哈雷摩托车博物馆的主题体现则采用了不同的方式，它不可以突出某一具体形象，而是选用钢铁的材质来烘托出那种雄性的奔放（图 8–3、图 8–4）。

图 8-2 设计要点（主题形象）：东京大江户博物馆的展陈设计中那座夺目的江户大桥，作为整个展览的起点。

图 8-3 设计要点（主题形象）：美国的哈雷摩托车博物馆的主题体现则采用了不同的方式，它没有突出某一具体形象，而是选用钢铁的材质来烘托出那种雄性的奔放。

图 8-4 设计要点（主题形象）：哈雷摩托车博物馆贯穿形象的铁钉，灵感来自摩托骑士的服饰。

选好展览的主题形象是设计成功的关键。它是在展纲主题逐渐清晰并认定之后，由设计师在各方专家的参与下经过反复探讨，提炼而成的。主题形象的捕捉不但需要对展览大纲的准确把握，在很大程度上还取决于设计的灵感。

想象力

想象力是设计的灵魂，它是在头脑中形成一个崭新的念头或画面的能力。一切艺术创造都离不开创作者的奇思异想。

当你需要设计一个海洋博物馆，在展览大纲读到大海这两个字的时候，脑子里可能马上就会出现船帆、波涛、海鸥、海岛……也许是更加离奇的联想，如海盗、海啸等。

事实上，想象一般都是在具备了一定知识面的基础上完成的。没有知识和经验的想象只能是毫无根据的空想，或完全不能引发任何共鸣与联想的主观臆想。所以，想象力的培养首先是知识的储备。眼界要开阔，要永远怀揣一颗好奇心，你要像个孩子一样去观察这个世界，让思想无拘无束地遨游而毫无预设的偏见，这样你的想象力才会得到充分的发挥。想象力是人的生活中不可缺少的智慧，是一种特质。缺了它，你不可能成为一名合格的设计师。

想象力需要长期、有意识地培养。多看、多思索、有见识才能使记忆里中充满素材，思索时才会自动地出现有意思的画面与不断的联想。积累太少是想象力匮乏的重要原因。艺术家的个人经历也对想象力的发挥具有影响。凡・高的独特经历与性格使他具有与众不同的想象力与观察视角，并由此造就了他独特的艺术成就。

位于意大利南部的柯洛内斯山地博物馆就是一个充满激情与想象的项目。这座博物馆由扎哈・哈迪德设计，它就像一块天外飞来的巨石被卡在一座山头上，它成为整座山峰的一部分，登山爱好者站在博物馆伸出的挑台上就如同站在悬崖的边缘（图 8–5）。

图 8–5 设计要点（想象力）：柯洛内斯山地博物馆由扎哈・哈迪德设计，它就像一块天外飞来的巨石被卡在一座山头上，它成为整座山峰的一部分，站在博物馆伸出的挑台上就如同站在悬崖的边缘。

墨西哥的旅游胜地坎昆有一座非常奇特的博物馆——水下雕塑博物馆。这是一座水下的博物馆，如果你想参观里面的展品，就必须要背着呼吸器深入水中才能看到，这座博物馆也是世界上最大的水下博物馆。这里有近 500 尊雕塑，都是由生态混凝土制作而成的，这种生态混凝土可以制作成不平的表面，这样大量的海洋生物就可以附在这些表面上，可以为那些海洋生物提供良好的生长条件，可以保护它们的生态环境。这些雕塑的四周都长出了海藻，鱼群时常会穿梭在其中，游客们对这一奇妙的构思无不惊叹（图 8–6）。

图 8-6 设计要点（想象力）：墨西哥坎昆有一座非常奇特的水下雕塑博物馆。如果你想参观里面的展品，就必须要背着呼吸器深入水中才能看到，这座博物馆也是世界上最大的水下博物馆，游客们对这一奇妙的构思无不惊叹。

视觉符号

用某个具体形象或符号将文字的内涵表象化，这一具有象征与联想性质的手段是我们最常用的艺术手法之一。例如，莎士比亚曾将世界比作舞台，将世上的男女比作登台的演员就是典型的例子。其他的例子还有生命被比喻为一盏灯，或是一盘棋等等。

博物馆的展陈设计同样具有视觉呈现的使命，它与所有艺术门类一样（如舞台设计或电影美术），怎样才能将展览大纲中的文字转化为生动的形象语言，呈现特定的环境氛围，这无疑是对每一位设计师才华的考验。例如美国堪萨斯城的第一次世界大战博物馆序厅，参观者从一座透明的玻璃长廊进入展厅，在他们的脚下是一片美丽的罂粟花田，我们知道罂粟花是纪念第一次世界大战阵亡者的象征物，智慧的设计者就是选取了这一极具象征意义的罂粟花作为讲述第一次世界大战历史的开篇（图 8-7）。另一个巧妙利用视觉符号的例子是圣路易斯的蓝调博物馆，为了追述美国黑人音乐沿密西西比河发展的源头，突出早期黑人生活的动荡，设计者用各种旧时的旅行箱作为基本展陈元素，创意贴切生动（图 8-8）。

图 8-7 设计要点（视觉符号）：第一次世界大战博物馆序厅，参观者从一座透明的玻璃长廊进入展厅，在他们的脚下是一片美丽的罂粟花田，我们知道罂粟花是纪念第一次世界大战阵亡者的象征物，智慧的设计者就是选取了这一极具象征意义的罂粟花作为讲述第一次世界大战历史的开篇。

图 8-8 设计要点（视觉符号）：美国圣路易斯的蓝调博物馆，为了追述美国黑人音乐沿密西西比河发展的源头，突出早期黑人生活的动荡，设计者用各种旧时的旅行箱作为基本展陈元素。

造型要素

对各种造型元素的把握与运用是所有艺术家与设计师的基本功。点、线、面、体、空间、层次、对比、比例等作为设计的要素是我们每口必须面对的问题。一个好的设计除了上面提到的主题内容外，留给具体执行设计任务的人——设计师的具体工作就是如何将以上元素运用自如并处理好它们之间的关系。这就如同在厨师的面前摆好了各种食材与调料，但火候的掌握就要看功夫了。设计也是同理，尽管火候的掌握需要千锤百炼，但对食材（元素）的了解却相对容易。现将设计中需要反复考虑的基本要素罗列如下。

● 线条（Line）

线条是设计与绘画中的首要元素。线表明物体的边界和形状，简单明了地勾画出一切复杂的形态。几何概念中的线有长度、方向和位置，没有宽度，而作为设计和视觉要素中可见的线，不仅与几何学概念中的线一样有长度、方向和位置，而且有一定的宽度、动态和情感概念，有直线、折线，有粗线、细线，有实线、虚线等。线条也是最朴素的绘画语言，最原始岩刻壁画等都是用简单的线条来表现的。

● 形状（Shape）

抽象的平面几何形状有正方形、长方形、圆形、椭圆形、三角形等；立体几何形状有立方体、球体、圆锥体、平面与曲面等。生活与展厅里的一切都具有这些形状的特征，比如我们可以将展台、展窗看成是长方形的，树林是由无数的圆柱体组成的，而背后的天际线则是一条漂亮的曲线。当展陈设计师在决定选取任何一个单一物件时，应该时刻想到这个正在被创建的形态以及它与其他形状的关系以及这些形状在空间中的相互作用。

● 空间（Space）

在三维的立体空间中，每一相对独立的局部空间都按上下左右前后的概念被安放在整体大空间中的某一点，这些空间不但形成一种三维的顺序，而且相互间也形成了一种对应关系，这种空间结构也被称为空间造型，或立体构成。展陈设计就具有这种空间造型的特点，展陈的空间设计就是为观众提供观展空间，他们从哪里进，哪里出，如何由甲空间进到乙空间，是垂直向上还是沿着一个向下的斜坡，这些都属于空间布局的范畴，所以如何处理空间及空间关系应成为设计的另一基本元素。此外，空间布局不仅应该安排合理，空间造型的美感也是不可或缺的。

● 肌理（Texture）

肌理即质地，如我们形容一种物体表面质地的平滑或粗糙，有时也被称纹理或触觉的质感。肌理的种类无穷多，包括毛皮、木纹、沙子、帆布、金属、玻璃以及皮革的光滑的表面等。创造性地使用肌理不但会增加设计的个性，也可以为设计效果带来巨大的张力。由于展陈设计很少使用真材实料，所以真实的材质（如岩石）往往是通过肌理的模仿来实现的。

● 色彩（Color）

色彩可以表达情绪，因为科学已经证明不同的颜色可以产生不同的心理作用。从细节上来说这些感受每个人都各不相同，但总的来说即使是来自不同文化的人也往往有同样的感受。比如红色使人心情激动，蓝色使人安静。色彩的使用在任何设计中都占有极大的分量，色相的选择，色彩的纯度、深浅、冷暖等对所有视觉创作者来说都是作品中重要的创作语汇，在展览空间中的色彩处理也会直接影响到观众的情绪。

● 尺度（Scale）

尺寸与比例对设计至关重要，但设计师应注意区分两个不同的尺寸概念：实际尺寸与主观感受尺寸。在设计专业训练中，对实际尺寸的把握极其重要，所有工程与制作图中所标明的数据容不得丝毫马虎。但在设计创意方面，尺寸的变化不但不被禁止，反而是设计的利器之一。设计时将一个物体的尺寸有意放大或缩小可能会得到意外的收获。设计中经常见到物体的尺寸被极度夸大或缩小，以此作为一种有效手段以达到突出主体或其他艺术目的。

● 主次（Dominance/Emphasis）

主要与次要的地位经常通过大小对比，以及在画面中所处的位置、颜色、款式或形状创建。主要焦点应占主导地位，形象突出，具有规模并且对比强烈。但这种突出应以不牺牲整体的统一为前提。

● 对比（Contrast）

对比是把具有明显差异、矛盾和对立的形象安排在一起，进行对照比较的创作手法。这种手法将各种相互对应与碰撞的形象集中在一个完整的艺术统一体中，形成相辅相成的比照和呼应关系。运用这种手法，有利于充分显示不同形象各自的特点，突出被表现事物的本质特征，增强艺术效果和感染力。远与近、大与小、多与少（单一对阵列 / 组）、轻与重、深与浅、简与繁、动与静、整齐与混乱、平滑与凹凸、精细与粗糙、锋利与圆润、稳定与飘忽等就是较为常见的对立统一体。

● 疏密（Density）

空间与画面布局应既有稀疏浅淡之处，也有茂密浓重之处，可以为展陈设计带来活泼的节奏、生动的韵味。如中国画最讲究留白，疏密的处理往往是意境体现的关键。过满，会让人感到压抑；过疏，又会觉得太清冷。只有掌握留白的度，疏疏密密，错落有致才好。疏能予人丰富的联想，密能给人带来丰满的细节与丰盛的视觉体验。在展览的空间上布局上，如何将开放与封闭、直线与曲线、垂直与平行间的转换节奏的多变性统一在预设的展陈节奏下也是一个重要的课题。

● 重量（Gravity）

每个具体形象都有不同的重量感。物体或整个画面给人感受到的分量感，是厚重、稳定的，还是轻飘、不稳定的。重量感经常通过综合许多设计元素来表现，如体积的大小、形态动势、色彩、材质以及肌理等。在展陈设计中，运用不同的材质十分重要，选材得当不仅可以带来视觉上的丰富，更会使展览的效果成倍增长。

● 平衡（Balance）

平衡是指画面的稳定感，在空间处理上也是如此。但有两种不同的平衡：对称和不对称。虽然大多数的设计师、艺术家和创意人更喜欢不对称所带来的自由，但严谨和绝对对称还是经常能够见到，尤其是在那些较为正统、较为正规的场合。

● 和谐（Harmony）

和谐即不显得杂乱无章。无论你所表达的内容多么激烈，空间构成多么复杂，最终仍然需要所有的视觉元素达到完全的统一。最后的艺术和谐是设计的主要目标，和谐让你所有的设计元素一起发声。没有任何东西看起来显得多余，伟大的作品永远是恰到火候，多一分嫌过，少一分不熟。在你的作品完成之前，确定所有的细节已经构成了满意的和谐与统一（图 8–9 至图 8–20）。

图 8–9 设计要点（造型要素）：线条，有直线、折线，有粗线、细线，有实线、虚线等，线条也是最朴素的艺术语言。图为盐田千春的系列装置《记忆》。

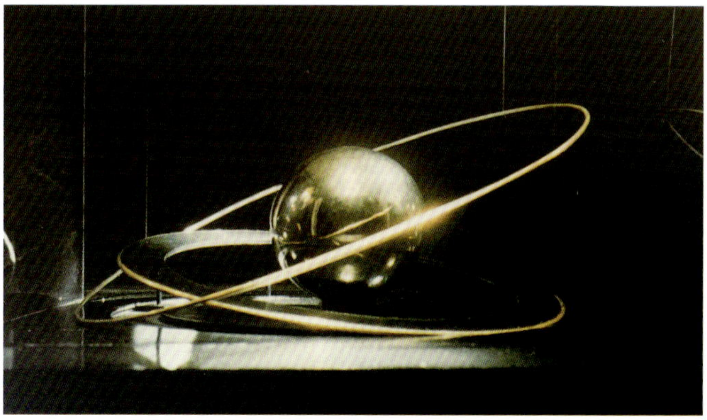

图 8–10 设计要点（造型要素）：形状，抽象的平面几何形状有正方形、长方形、圆形、椭圆形、三角形等；立体几何形状有立方体、球体、圆锥体、平面与曲面等，当展陈设计师在决定选取任何一个单一物件时，你应该时刻想到这个正在被创建的形态以及它与其他形状的关系以及这些形状在空间中的相互作用，图为英国设计师科尔泰的歌剧设计“行星”。

图 8–11 设计要点（造型要素）：空间，不但形成一种三维的顺序，而且相互间也形成了一种对应关系，这种空间结构也被称为空间造型，或立体构成。展陈设计就具有这种空间造型的特点，图为美国艺术家 P · Gric 的“空间系列”。

图 8-12 设计要点（造型要素）：肌理，歌剧《特洛伊之战》的舞美设计，马头由无数的工业金属构件制作，极为匠心独具的艺术表现。

图 8-13 设计要点（造型要素）：色彩，现代雕塑“王莲”，植物原本的绿色被表现成相反的红色，对色彩的完全颠覆给观众带来了强烈的视觉冲击。

图 8-14 设计要点（造型要素）：尺度，设计时将一个物体的尺寸有意放大或缩小可能会得到意外的收获。设计中经常见到物体的尺寸被极度夸大或缩小。

图 8-15 设计要点（造型要素）：主次，威尼斯双年展（2013），中间的铜质雕像被四周的石雕簇拥围绕，主次分明。

图 8-16 设计要点（造型要素）：对比，是把具有明显差异、矛盾和对立的形象安排在一起，进行对照比较的创作手法。图为曼彻斯特谷物交换大厅中的小剧场，现代造型与古典环境形成强烈了反差。

图 8-17（上） 设计要点（造型要素）：疏密安排是设计布局与构图的重要因素。

图 8-18（下） 设计要点（造型要素）：重量，建筑与装饰材质会给观众带来不同的感受。

图 8-19 设计要点（造型要素）：平衡，凡尔赛宫镜廊除了高贵与奢华，还给人以平衡与对称的稳定感。

图 8-20 设计要点（造型要素）：和谐，卡塔尔博物馆的入口大厅，各种建筑造型元素、图案设计、照明手法及色调氛围高度统一和谐。

第九章　设计的构成元素

- 建筑
- 图文装饰
- 实物陈列
- 模型
- 艺术装置
- 影像与多媒体
- 互动装置
- 照明

现代博物馆的设计是由一系列美学诉求及艺术元素构成的。与传统博物馆相比，它早已不再是文物陈列加图文解说的简单模式，它所涉及的展陈手段随着科技的进步，其疆域在不断扩大。宏观上，它包括了建筑学、设计学及多种造型艺术门类。具体来讲，平面设计、装饰艺术、绘画、雕塑、艺术装置、现代照明、舞台设计，以及各种多媒体呈现手段等统统被用来作为现代博物馆的展陈手段。为此，博物馆的设计团队必须具有更为广阔的视野，具有多方面的视觉艺术素养，并勇于不断探索与创新。

现将构成现代博物馆展示的设计元素罗列如下，并举例说明。

建筑

博物馆建筑的外部样式是吸引参观者的第一视觉要素，也是观众在步入展览前获得的第一印象。博物馆建筑外观的多样性与它的展示内容同样重要，在尽可能体现博物馆各自的特定气质的同时，在设计上也力求引人注目。

博物馆建筑是 21 世纪城市建设的重要组成部分，世界各地的许多博物馆建筑已经成为当地的城市地标。博物馆建筑相对于其他类型的城市建筑来说，其独特的外观所折射出的当地文化与社会属性更容易展现出别样的个性。优秀的博物馆建筑设计除了为博物馆本身增光添彩，还很可能成为一个城市乃至一个国家的文化符号。

博物馆的建筑也将影响我们作为参观者的体验，它的总体布局通过将外观与建筑构成的结合，再进一步与展出的内容融合为特定的叙事空间。因此，博物馆建筑的设计相较于其他的公共建筑来说一般具有更大的想象空间，馆方通常也会赋予建筑设计师更大的创作自由。

这里将通过对国外一些具有不同风格的优秀博物馆实例进行简要的介绍与剖析，从中领略其建筑的文化特点、艺术性以及基本的博物馆功能。

● 大英博物馆

大英博物馆的建筑气派、威严。虽同属传统型博物馆，但大英博物馆的建筑却不同于巴黎的卢浮宫、圣彼得堡的冬宫等世界著名博物馆，它是专为博物馆而建，而后者都是由古代帝王的宫殿改建而成。

这座建筑的外观是一座仿古希腊的建筑，始建于 1823 ~ 1828 年，罗伯特·斯默克爵士设计。博物馆先是在东翼的庭院周围开建，随后在 1833 年增建了北翼。面对卢梭尔大街的博物馆正门是一座典型的希腊式门头，其中耸立着 44 根 14 米高的爱奥尼式廊柱。门头上端的山形墙上是由理查德·韦斯特马科特爵士 1852 年所做的雕塑装饰，描绘了 15 个寓言人物组成的文明进步。

1846 年，悉尼·斯米尔克成为博物馆再次扩建的建筑师，这次新建的部分是位于中庭的圆形阅览室，它的直径为 43 米，是当时世界上第二个直径最大的圆顶，仅次于罗马的万神殿。随后在 1882~1914 年又陆续增加了东翼、西翼等部分。第二次世界大战中大英博物馆在纳粹的空袭中受到一定程度的损毁而不得不闭馆，直到 20 世纪 60 年代初才重新开放，闭馆时间长达 22 年。

为迎接千禧年，由著名建筑师福斯特主持设计的伊丽莎白二世中庭于2000年底开放，这是欧洲最大的有盖广场。屋顶是玻璃和钢结构，由奥地利钢铁公司建造，顶棚由1656个形状独特的玻璃网格组成，原占据中庭的大英图书馆则迁至圣潘克拉斯的新馆址。

作为世界级的大型综合博物馆，大英博物馆的建筑风格与其浩瀚的收藏与展出理念极为吻合，庄严高贵的古典风貌赋予参观者一种朝圣的气势。尽管大英博物馆被视为不列颠文化的明珠，也是英国的骄傲，但设计者并没有刻意展示英国本民族的特征（如辉煌的维多利亚风格），而是大胆地采用了象征全人类文化遗产的古希腊建筑风格。这一公认的世界建筑语言有助于突破英国这一岛国的地域局限，而凸显出其全球性的大格局（图9–1、图9–2）。

图9–1 设计构成元素（建筑）：作为世界级的大型综合博物馆，大英博物馆的建筑风格与其浩瀚的收藏与展出理念极为吻合，庄严高贵的古典风貌赋予参观者一种朝圣的气势。尽管大英博物馆被视为不列颠文化的明珠，但设计者并没有刻意展示英国本民族的特征，而是大胆地采用了象征全人类文化遗产的古希腊建筑风格。

图 9-2 设计构成元素（建筑）：大英博物馆为迎接千禧年，由著名建筑师福斯特主持设计的“伊丽莎白二世”中庭于 2000 年底开放，屋顶为玻璃和钢结构，由奥地利钢铁公司建造，顶棚由 1656 个形状独特的玻璃网格组成。

● 西班牙古根汉姆艺术博物馆

位于西班牙毕尔巴鄂的古根汉姆博物馆由美国建筑师弗兰克·盖里设计，是 20 世纪最具开创性建筑的典范。该博物馆建筑群占地 2.4 万平方米，其中 1.1 万平方米用于展览空间，这一地标式的新奇建筑为这座艺术博物馆提供了一个诱人的场景。盖里的设计所展现的是一个壮观的雕塑般的结构，它完美地融入毕尔巴鄂的城市格局。

该博物馆于 1997 年 10 月 18 日由西班牙国王胡安卡洛斯一世剪彩启用。它坐落在内为昂河畔，是所罗门 R. 古根汉姆基金会的几个著名博物馆之一，西班牙本土艺术家与其他国际大师的作品在这里作为永久陈列品供人们观赏，也是西班牙最大的博物馆之一。

这座博物馆以展出特定场地（Site Specific）雕塑与装置等当代大型艺术作品著称，如理查德·塞拉的 100 米长被叫作“巨蟒”的现代艺术装置，以及来自世界各大基金会的现代艺术收藏品等。1997 年，博物馆以“古根汉姆博物馆与本世纪的艺术”开场，展出了 300 件作品，这是一次从立体主义到新媒体艺术的 20 世纪艺术回顾。大多数作品来自古根汉姆自己的永久收藏。古根汉姆博物馆是属于非永久性展出的展馆，轮流举办各种世界性专题展览，包括来自中国与俄罗斯的艺术。展出的内容大多是当代较为前卫的作品，而很少传统绘画与雕塑。这座博物馆犀利的外观与前卫的展示内容达到了高度的契合。

古根海姆基金会在选择弗兰克·盖里为建筑师后，其馆长托马斯·克伦斯便鼓励他大胆创新，要设计出一个划时代的作品。建筑物外部的曲线是随机出现的灵感，盖里解释说“曲线的随意性旨在捕捉丰富的光线变化”。在设计中，由于各种曲面的复杂性，盖里决定使用最初为航空航天专业而开发的 CATIA 设计软件，将他的设计概念忠实地转化为实实在在的物理结构。对于建筑物的外壳究竟用什么装饰材料才能达到预想的效果，在进行了大量试验和筛选后最终选择了钛合金。约 3.3 万张超薄钛板的表面处理为这座建筑提供了特殊的肌理效果，材料本身的颜色也会随着各种不同的天气与光线条件的变化而改变。

博物馆落成后，作为当代建筑最受推崇的作品之一，该建筑被誉为“建筑文化中的新风向标”与“世界上最具解构主义风格的代表作”。总之，它获得了大部分评论家、学者和公众的一致肯定。

特别值得一提的是，该建筑的建造按时完成而且没有超出预算，这种情况在同类规模的建筑项目中是极为罕见的（图 9–3 至图 9–5）。

图 9–3 设计构成元素（建筑）：位于西班牙毕尔巴鄂的古根汉姆博物馆由美国建筑师弗兰克·盖里设计，是 20 世纪最具开创性建筑的典范。

图 9-4 设计构成元素（建筑）：古根汉姆博物馆的广场艺术装置。

图 9-5 设计构成元素（建筑）：这座博物馆以展出特定场地（Site Specific）雕塑与装置等当代大型艺术作品著称，以及来自世界各大基金会的现代艺术收藏品等。图为理查德·塞拉的 100 米长的被叫作“巨蟒”的现代艺术装置。

● 卢浮宫阿布扎比博物馆

卢浮宫阿布扎比博物馆位于阿拉伯联合酋长国阿布扎比的萨迪亚特岛，占地约2.4万平方米，是中东地区首座具有世界声望的博物馆，尤其是该博物馆的建筑设计受到业界及公众的一致赞扬。卢浮宫阿布扎比博物馆开业，标志着首次将“世界级博物馆”带入阿拉伯世界，带入这片文化沙漠。

2007年，阿联酋与法国签约，决定合建卢浮宫阿布扎比博物馆。阿联酋斥巨资买下“卢浮宫”品牌30.5年的使用权，还花费7.5亿美元从法国雇人管理借来的艺术品。根据资料，这里的艺术展品有235件来自卢浮宫阿布扎比博物馆自己的收藏，另有300件藏品是暂时从法国卢浮宫和12家法国著名博物馆中借来的，租期为10年。阿布扎比博物馆开馆首年展出了600件艺术作品，其中300件展品从13个法国博物馆租借，包括法国卢浮宫的达·芬奇画作《美丽的费隆妮叶夫人》和奥赛博物馆的凡·高作品《自画像》等。

2009年5月26日，卢浮宫阿布扎比博物馆开始建设，时任法国总统萨科齐出席了奠基典礼。为了在海中建起卢浮宫阿布扎比博物馆，施工队筑起了堤坝，用水泵将工地范围里的海水持续抽干，而这一工程持续了6年。2017年11月11日，卢浮宫阿布扎比博物馆正式向公众拉开帷幕。

卢浮宫阿布扎比博物馆由普里茨克建筑奖得主、法国建筑师让·努埃尔（Jean Nouvel）设计，展示空间约9200平方米。整个建筑最显眼的是直径180米的圆形穹顶，仅以四根混凝土柱作为支撑，7000多吨的钢材自由穿孔的编织材料，覆盖着这座由55栋楼组成的建筑体。而房顶的设计灵感来源于当地用棕榈叶交错叠搭的形象。作为房顶材料的传统习俗，屋顶富有孔径的曲线层，复杂的图案经过高精计算，8个几何图案叠加重复。阳光穿透8个叠加层，呈现漫射与叠加投影的神奇效果，到了夜晚，则变成了一片漆黑中星光闪耀的绿洲。

参观者首先进入的是苍穹下的公共区域，这里浓郁的阿拉伯风情令人惊叹不已，空间感和设计感无处不美轮美奂，尤其是穹顶的多层式设计，营造了一个斑驳的空间，光线落在建筑内形成无数形状大小不一的光点，构成一幅幅迷幻的画面，宣传中介绍的“光之雨”确实被恰如其分地表现了出来。

博物馆大厅中的公共设施包括水上舞台、咖啡吧和一个儿童博物馆，设计者为观众营造了一个极为人性化的观展环境，这是一个雅俗共赏、各取所需的共享空间，既是一座能够为严肃的艺术朝圣者奉献出高雅的殿堂，也是一处能够为带着孩子而来的家庭提供一个休憩与接受早期艺术熏陶的乐园。

穹顶下散布的多个白色建筑体便是艺术品展厅。值得一提的是，展厅的参访顺序是按时间而不是按地理分布的，分为 12 个章节，由古至今，讲述了过去 12000 年的历史，这是一个非常新颖独特的设计理念，使整个博物馆的布局杂而不乱，使参观流线也变得清晰流畅（图 9–6、图 9–7）。

图 9–6 设计构成元素（建筑）：卢浮宫阿布扎比博物馆位于阿拉伯联合酋长国阿布扎比的萨迪亚特岛，占地约 2.4 万平方米，是中东地区首座具有世界声望的博物馆，该博物馆的建筑设计受到业界及公众的一致赞扬。

图 9-7 设计构成元素（建筑）：卢浮宫阿布扎比博物馆内的穹顶，这里浓郁的阿拉伯风情令人惊叹不已，空间感和设计感无处不美轮美奂，尤其是穹顶的多层式设计，营造了一个斑驳的空间，光线落在建筑内形成无数形状大小不一的光点，构成一幅幅迷幻的画面。

● 维多利亚与阿尔伯特博物馆（V&A）扩建工程

在世界博物馆界享有盛誉的伦敦 V&A 馆藏丰富，历史悠久。但原有的建筑设施已不能满足越来越多的参观人流，因此扩建工程势在必行。然而要对这座具有文化地标意义的维多利亚建筑进行改造，无疑会引来八方关注，尤其在如何处理与原有建筑与展出空间的关系和对话方面将对博物馆建筑界提供新的经验。毫无疑问，这将是一次新与旧、传统与现代、审美理念与功能需求间的平衡与选择。

经过几轮国际角逐，英国 ALA 建筑设计公司最终从七个入围的设计团队中脱颖而出，被任命为该计划的设计者。尽管进入最后一轮的所有方案都属上乘，但幸运者却只有一个。

主设计师阿曼达·里韦特在中标后表示："V&A 是一个非常著名的博物馆，它对我来说具有特殊的意义，因为它是艺术和建筑的发源地。自从我成为一名建筑师以来，我一直梦想着有机会为一个重要的公共与文化项目工作，我现在终于有了这样的机会。这次不仅仅是为一个博物馆而设计，同时也将为伦敦—南肯辛顿文化区打造一个新的公共空间。"她还说，"我们的第一步，将努力释放能够吸引新观众的潜力，那就是在博物馆与附近街道之间创造一种今天不存在的新（空间）关系。"

V&A 致力于让当地社区的成员参与并了解这座博物馆。这次改造也凸显了 V&A 未来的重要发展方向。由于在过去 10 年中游客数量增加了 3 倍以上，新设施将为该地区带来巨大的利益。特别是庭院将提供急需的公共空间，以利于广大公众能够在博物馆参观期间的聚集和放松。

该设计方案包括打造一个新的地下公共空间，它不仅提供了一个全新的博物馆入口，而且也将改变整个参观路线，大大延长了现有展线的总长度，可以容纳更多的藏品；此外还将在地面建造一座公共露天广场，这座广场被四周精美的建筑立面环绕，在这里可以进行各种活动，包括可以临时放置大型展品或演出活动。当然，它更是一个供人们小憩的地方。

新设计的最大亮点在于它的沉降空间，这一特殊空间将构成整个参观过程的重要环节，它不但巧妙地融入博物馆的原有结构，还形成了一道精致独特的外部景观。参观者将被自然光线吸引着来到地下大厅底部，一个充满戏剧性的阳光池神奇地出现在那里。如何利用自然光是设计师在处理空间的下降和上升间关系转换的关键考虑，同时也是新与旧空间转换的交界点。

新的博物馆空间将成为 V&A 这座世界级博物馆的集散中心。一扇跨度 30 余米的折叠天花板跨越于参观者的头顶，尽管在地下，但仍然仿佛在人们的头顶上翱翔。这一设计灵感来自华丽的新哥特式美学以及新古典主义的影响。同时，在将传统审美与新的建造工艺相结合方面也具有示范作用（图 9–8 至图 9–10）。

图 9-8 设计构成元素（建筑）：享有盛誉的伦敦维多利亚与阿尔伯特博物馆（V&A）馆藏丰富，历史悠久。但原有的建筑设施已不能满足越来越多的参观人流，因此扩建工程势在必行。经过几轮国际角逐，最终英国 ALA 建筑设计公司的改建方案中标。

图 9-9 设计构成元素（建筑）：维多利亚与阿尔伯特博物馆的地下大厅，此处是新与旧的交界处，参观者被顶部洒下的阳光引领到这里，一扇跨度 30 余米的折叠天花板跨越于参观者的上方，仿佛在人们的头顶上翱翔。

图 9-10 设计构成元素（建筑）：参加维多利亚与阿尔伯特博物馆第一轮竞赛的七个入围方案都属上乘，图为米勒 · 海尔的竞标方案（未被选中）。

● 墨西哥钢铁博物馆

墨西哥钢铁博物馆位于墨西哥新莱昂的蒙特雷市，是墨西哥有史以来最大的博物馆之一。它位于 20 世纪 80 年代中期退役的特大型钢铁基地原址。 1980 年代前的全盛时期，该厂是这个拥有 370 万人口的城市的经济和社会结构的重要组成部分，现在将它转变为一个主要的文化教育设施得到了各界的一致赞同。

新博物馆与众不同，它建于退役的 3 号高炉内，重新修复的 70 米高炉已成为该地区的新地标，成为这座城市的最知名标志。墨西哥建筑部委托格里姆肖建筑设计公司（Grimshaw）与阿尔德里克・佩尔展览设计公司联合设计。新博物馆包括：历史展厅、钢铁展厅、高炉展厅与铸造大厅。

墨西哥钢铁博物馆的主体建筑是由原钢厂的 3 号高炉改建，它是蒙特雷天际线中最具标志性和可识别性的特征之一，现已转变为钢铁博物馆的一部分。

为了完成对废弃的高炉的再利用和修复，格里姆肖建筑设计公司首先拿出了对 3 号高炉的改造方案。这一方案马上得到认可，它为整个项目的设计提供了一条崭新的理念方向，奠定了对这一片 140 公顷区域、属于联合国教科文组织世界遗产地的保护性文化开发的基本思路。

设计团队接手项目后，期望尽量保持原有的历史精神，体现出前工业的辉煌，进而营造出戏剧性的景观。70 米的高炉结构被原汁原味地保留，在周边各种现代景观的衬映下更具视觉上的震撼。博物馆将高炉作为蒙特雷的骄傲标志进行了恢复，鼓励人们为其所代表的重要工业遗产感到自豪。在整个博物馆区，关于钢的历史是一项重要的叙事元素。场内所用的所有钢材都是就地回收利用。土方工程产生的基石等材料也以绿色生态的方式进行了再利用，整个工程自始至终贯穿了绿色与再生的环保理念。

除了现有的熔炉平台、储罐和控制室外，该项目还包括 9000 平方米新的室内和室外的展览空间。

它的重点区域是高炉与铸造大厅。该建筑高 70 米，是组织新博物馆设施的核心元素。它的互动展品为钢铁的提取、加工和铸造等环节提供了生动的展示，如铸造大厅中的烟火显示器，还有逼真的模拟高炉等令人眩晕的景观。除了这个关键空间外，博物馆的新增功能还创造了一个强大的、现代化的、具有教育意义的设施，同时也向来访者介绍了本地区的工业历史。

博物馆建设采用了许多现代建筑材料与科技，如用于支撑螺旋楼梯和栏杆的不锈钢预应力钢缆。这种特殊钢缆与连接组件等建筑细节均成为设计与施工中不可忽视的环节；再比如，为保留原建筑的工业风貌，螺丝扣被故意暴露在天花板中，而尾端则使用现代手段处理——自然地在地板上消失。这些严格的细节考虑对于最终满足严格的美学要求与精细的结构至关重要。这座博物馆于 2007 年秋季开业（图 9–11、图 9–12）。

图 9–11 设计构成元素（建筑）：墨西哥钢铁博物馆的主体建筑是由原钢厂的 3 号高炉改建，它是蒙特雷天际线中最具标志性和可识别性的特征之一，现已转变为钢铁博物馆的一部分。

图 9–12 设计构成元素（建筑）：墨西哥钢铁博物馆的主体建筑还包括 9000 平方米新的室内和室外的展览空间，向来访者介绍本地区的工业历史。

● 柏林犹太博物馆

柏林犹太博物馆的设计堪称“建筑向你讲述历史”的典范。

美国建筑师丹尼尔·利伯斯金德（Daniel Libeskind）以主题为“两条线之间”的设计理念在1989年赢得了“柏林博物馆扩建与犹太博物馆”的设计竞赛，这也是他第一次获得如此规模与重要意义的设计项目，在历史与现实中徘徊的设计构思成为利伯斯金德获得评委们青睐的主要原因。

柏林犹太博物馆位于柏林墙倒塌前的西柏林。它由两座建筑组成：一座巴洛克式的老建筑，“科尔雷根豪斯”（以前是柏林博物馆的所在地）和一座由利伯斯金德（Libeskind）设计的新的、解构主义风格的建筑。这两座建筑物在地面上没有明显的连接。新博物馆占地约1.5万平方米，本身没有入口只能通过旧大楼的地下通道进入。

这座建筑呈“之”字形锯齿状，表面材质为钛锌合金，具有设计感的地下轴线、倾斜的墙体与裸露的混凝土斜梁，甚至没有任何暖气与空调设备，这一切构成了人们对这座特殊建筑的最初印象。丹尼尔·利伯斯金德（Daniel Libeskind）在接受采访时说，他不想简单地设计一座博物馆建筑，而是想通过这座建筑来重新叙述德国犹太人的历史。早在2001年秋季博物馆开馆之前，就已经有近35万人参观了这座还未进行布展的空旷建筑，单凭这座建筑本身就吸引了无数来自德国与国外的观众。如今，这座博物馆已成为柏林的重要文化地标，这座建筑给参观者们留下了深刻的印象，它使许多人联想起一颗破碎的大卫星；而对另一些人来说它更像是一道闪电；然而也有一部分人对这座建筑的感触却是不安与迷失。

整幢博物馆建筑没有任何出入口，参观者必须从邻近的巴洛克老建筑的入口区穿过一条地下通道到达新的展区。丹尼尔·利伯斯金德设计的楼层平面图基于两条线：建筑物的可见的“之”字形线路与一条隐形的直线。两条线相交于地下室与顶层之间的集散大厅。从这里望去，在光线的作用下，倾斜的墙面、放射性的窗户与交叉错落的斜角梁柱等看起来杂乱无序，在视觉上甚至很难区分各个楼层与内外部空间的边界。

利伯斯金德还分别提到了他的设计灵感的文化来源，如几位著名的犹太人和非犹太柏林人，这些人代表着犹太传统与柏林文化之间的联系。他将这几位伟人的故居在地图上标明，然后将这些点连在一起，一个由线组成的网络出现了，由此而形成了类似现在的“之”字形图样，随后他又据此形状开发了建筑细节与窗户的结构图样。除此之外，他还提到作曲家阿诺德·施恩伯格未完成的歌剧《摩西和亚伦》与其他文学作品。由此可见，这一成功建筑设计的背后是大量的文化准备。

尽管柏林犹太博物馆里的藏品中没有什么传世名画，也没有什么重要文件，因为当时的一切都被战火烧毁或在这个苦难民族的逃亡中遗失，但这座近乎空旷的博物馆却仍然吸引着那么多人前往参观。或许恰恰就是那种空灵在吸引着人们，令人们追忆历史、思索历史（图 9–13）。

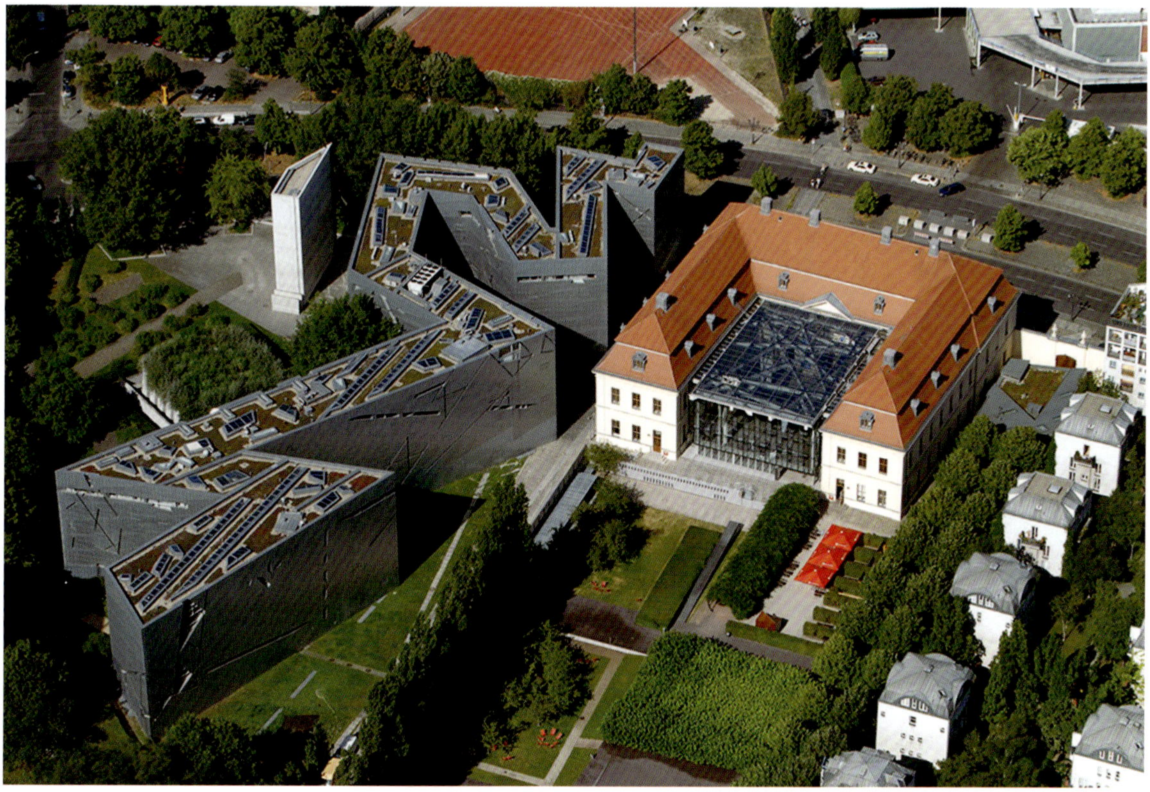

图 9–13 设计构成元素（建筑）：柏林犹太博物馆的设计堪称“建筑向你讲述历史”的典范。美国建筑师丹尼尔·利伯斯金德（Daniel Libeskind）以主题为“两条线之间”的设计理念在 1989 年赢得了“柏林博物馆扩建与犹太博物馆”的设计竞赛，在历史与现实中徘徊的设计构思成为他获得评委们青睐的主要原因。

● 瑞士交通博物馆

位于瑞士卢塞恩市的交通博物馆于 1959 年开放，2008 年进行了扩建升级，3000 件实物展品在占地 2 万平方米的馆内展出，各个种类交通工具分别在各主题内展示。在改建中，馆方设置了更多的互动参与项目和环节，使得参观更有趣味，融合了主题乐园的元素。有趣的项目包括：古董汽车大舞台、模拟景观列车驾驶、划船比赛、驾驶测试、汽车撞击试验、战斗机模拟舱、模拟滑翔器、机车维修等。室外展区还有供儿童学习交通法规、筑路工程知识方面的项目，是瑞士乃至世界最受欢迎的博物馆之一。

该馆以聚集众多展览、主题公园和模拟场景为特色，拥有公路运输、铁路、航海（水）和航空展览区，是欧洲交通运输行业涵盖面最广的博物馆之一。大型室外游乐区域、宽阔的湖面与各种游乐设施，都能让来访者尤其是家庭来访者们得到丰富的体验。

这座博物馆通过多样的展品与多种交互模式展示了交通领域的过去、现在，以及对未来交通的展望。除了作为博物馆主干的展览部分之外，场馆内的其他设施如天文馆、电影剧场、媒体世界等也是当时（20 世纪 60 年代初）在大部分地区难得发现的独特景点。其中的“瑞士巧克力探秘”更是馆内最具人气的项目。这个多媒体项目向观众展示了瑞士的著名巧克力文化及它的制作流程。

该博物馆 1999 年为改造与扩建公开招标，这次改造的具体任务一是为整个博物馆园区及城市发展提供新的发展方向；二是设计并建造一座新的道路交通展馆。经过角逐，苏黎世建筑师安妮特·吉冈（Annette Gigon）与麦克·古耶（Mike Guyer）最终中标。

新馆独特的立面造型已成为该博物馆的特色与标志。仿佛一扇巨大的商店橱窗，整个墙面由透明玻璃构成，后面是由各种车辆构件如轮毂、涡轮、方向盘等组成的齐整阵列。这一巨大的金属阵列汇集了构成交通工业的典型语言，同时也鲜明地向来访者昭示着交通工具制造业的钢铁特征。

新公路运输大厅的 2008 年概念也与 1999 年的第一个设计

不同。最初的三层建筑是由混凝土墙与玻璃幕墙构成的，新建筑则更像一个中性的黑盒子，更灵活、更经济。建筑的两个立面覆层由不同格式和颜色的金属板构成。然而，在另外两个立面上却采取了大胆的处理——墙面装饰由各种道路标牌完全覆盖。生活中我们所熟悉的道路场景，各种大小道路上的路标、指示牌等统统被搬上了博物馆的墙面，形成了一幅令人不可忽视的、巨大的点题 Logo（图 9–14）。

图 9–14 设计构成元素（建筑）：瑞士交通博物馆，建筑的两个立面采取了大胆的处理——墙面装饰由各种道路标牌完全覆盖。

● 彼得森汽车博物馆

位于洛杉矶博物馆区威尔舍大道上的彼得森汽车博物馆是世界上最大的汽车博物馆之一，是一家专注于汽车历史和相关教育计划的非营利组织。

这里原是一间 1962 年开业的大型百货商店，1994 年 6 月 11 日由杂志出版商罗伯特・彼得森和他的妻子在此创立了汽车博物馆并由彼得森汽车博物馆基金会拥有和经营。当时被彼得森看中的是这座建筑几乎没有窗户，而这对于那些害怕阳光直接照射的古董汽车来说是一处极为理想的储藏空间。

2015 年，博物馆决定投入 1.25 亿美元对旧建筑进行翻新。此项目由总部位于纽约的 KPF 公司设计，新设计采用了不锈钢飘带的形象创意：红色的盒子结构包裹着一系列翻腾的钢带，旨在唤起速度感和运动感。这个复杂的钢铁飘带共耗费钢材 100 吨，由 308 个组件与 14 万颗不锈钢螺钉构成，并通过 25 个支撑点与原墙体连接。内部的展陈空间也做了一些相应的调整，以呼应整体建筑风格与新的空间布局。改建后的博物馆于 2015 年底重新向公众开放。

然而，当彼得森汽车博物馆在 2015 年初首次向社会公开其颇具前卫性的新设计时，却引来评论界的一片嘘声。随后，它被许多评论称为最可怕的设计。甚至 KPF 公司本身也招来了大量对其设计品位的攻击，诸如“这是一家在全球以建造那种闪亮的公司总部大楼而著称的公司，它的业务主要在亚洲，像阿布扎比那样的地方，以及一些所谓的文化项目，如果赌场也算文化的话。”

虽然恶评如潮，但最令人不可思议的事情却发生了——彼得森这座经常荣登洛杉矶最丑陋建筑名单的常客，却在不久后的 2017 年获得了全美建筑大奖！

2017 年美国建筑学会在芝加哥宣布了美国建筑奖的 79 位获奖者，彼得森汽车博物馆被评为美国建筑师设计的最佳新建筑。至于获奖的理由，正如权威的芝加哥建筑博物馆评委会所指出的那样，这一前卫性的新设计“将彼得森大楼改造成为洛杉矶最重要，最令人难忘的建筑之一”。这次入选的共有来自全美的 79 件作品，其中也包括彼得森汽车博物馆的近邻——洛杉矶博物馆。

他们的设计赌对了。矗立在费尔法克斯和威尔舍交会处的这座新地标将牢牢地钉在洛杉矶的版图上，不论对它是爱还是恨，没有人会忽视它的存在，它总会被人们一眼看到。

如果从博物馆展陈设计的角度评论，可以说这是一个完全不考虑实际内容与功能的建筑作品，其花哨的外部造型与内部的空间风格完全没有关联。或许，它对这个博物馆的最大贡献就是为它带来了舆论的关注，至少它已成为建筑爱好者猎奇的目的地之一。此案例被录入本章的目的也无非是想为大家增加一些对于建筑美学与功能方面的思考（图 9-15、图 9-16）。

图 9-15 设计构成元素（建筑）：位于洛杉矶博物馆区威尔舍大道上的彼得森汽车博物馆是世界上最大的汽车博物馆之一，尽管其花哨的外部造型与内部的空间风格完全没有关联，但它对这个博物馆的最大贡献就是为它带来了舆论的关注，它已成为建筑爱好者猎奇的目的地之一。

图 9-16 设计构成元素（建筑）：彼得森汽车博物馆内景，墙面装饰延续了建筑外形的风格。

图文装饰

图文装饰是博物馆展陈设计中最核心的部分，也是展览这一行业中出现最早的设计环节。

博物馆图文装饰的核心与基础是平面设计。广义平面设计的常见用途包括标识设计，杂志、报纸与书籍的设计与编辑，路标或环境标识设计，广告，网页设计，通信设计，产品包装与标牌设计等。这是一套主要通过使用文字、排版、摄影和插图等进行视觉交流和解决问题的过程，也可被视为视觉传达的设计手段，与“图形设计”同义。展览的图文设计师将各种图像、符号与文本组合并创建一种适当的风格，配合展品内容形成特定的视觉体系。

自从南肯辛顿（伦敦著名的 V&A）博物馆于 1857 年向公众开放以来，如何能够完美地向观众呈现出藏品的魅力，已成为所有策展人特别关注的主要问题之一。作为装饰艺术，如何对展览内容进行解释、展品的说明牌如何设计、尺寸与摆放位置、展览的前言与结束语应该如何装饰，这所有细节问题构成了对图文装饰的需求并逐渐成为一个任何博物馆设计中都离不开的设计环节。

● 平面设计在展陈中的功用

解说：作为展览的组成部分，展览的平面设计是对展出主题与故事情节诠释的主要手段。与展览中的其他三维立体设计部分相较，尽管它们通常只占用整体预算的较少部分，但在整个展览的叙事表达中却如同一位看不见的解说员，承载着展览与观众之间的桥梁作用。图文将帮助观众把眼前所陈列的一切串联起来，从而完整地了解展览的主题与所有细节。

展览的平面设计对整体展览的视觉效果至关重要。尤其对于那些空间分割复杂、展出空间有较多展墙立面的展出空间，平面设计往往是设计过程中的主要元素，他们不但影响着展览的美学追求，也主宰着空间的色彩基调与整体氛围。

大部分为博物馆工作的平面设计师通常也涉及其他平面设计领域，如书籍杂志或网站设计。传统纸媒或数字艺术设计中的许多共同的技艺，如布局和排版都可以应用到展览的平面设计中，尽管会有一些明显的区别，但基本的设计原则一致。一般来说，在设计阶段区别并不明显，但到了后面的设计制作阶段，专门的大格式打印机、各种特殊装饰材料，以及各种加工技巧等便会显现出与一般的平面设计具有很大的不同。

顺序：展览的平面设计很像图画书，很少以严格的线性方式阅读。例如，与阅读漫画书一样，你首先看到标题，然后会非常快速地浏览一下大概的内容，直到被某一段落或某一展品吸引，直到这时你才可能驻足仔细阅读。人们的观展行为和节奏是无法预测的，有时可能恰与顺序相反，在浏览了整个展厅的展品后再反过来阅读标题与重点文字部分，甚至在快速看过整个展览后再回过头来细看他们最感兴趣的部分。最为常见的是，绝大部分观众都是先看展品后看文字标签，而并不按照我们所设计的顺序一路走下去。因此，展览设计具有非线性的特征，它必须向观众开放，允许他们按照自己的意愿去“构建”自己的展览顺序，这已成为一条所有设计团队成员的公认准则。

导览：引导人们参观展览的方向标志系统通常被称为导览图。导览系统的设计不仅为了简单的引路功能，还需要通过具有鲜明个性的设计激发观众参观的欲望，“引诱”他们去向下一个目标。一个好的导览系统既要引领观众，也能够时时提醒他们在整条参观链中的位置，这将有助于展览的上下文连接。这些标识应该从远处就能够看到，而且易于读懂，特别是在拥挤的地方或容易困惑的岔道口。通常情况下，导览平面设计师设计出一套风格一致但具有不同尺寸的标识系统。这套“等级森严”的系统包括室外与室内不同尺度与色彩的形象标志、区域标识、各级主副标题与展品标签等。观众往往仅仅通过标识的区别，就能迅速识别自己的位置，他们的观展效率也会由此而大大提升。

不同的阅读层次：必须承认，每一个展览都会接待不同年龄与文化层次的观众。现代展览文字编写与呈现会涉及具有不同文化背景的观众的情感与智力层面，面对不同的阅读能力、需求与接受方式。每一位参观者的期待都会存在差异，有些具有专业知识的来访者可能希望读到最高级别的信息，或者进行深入研究；而有些来访者或许只是抱着走马观花的心态到此一游；对于前者，丰富的展览文本应该为他们提供足够的专业信息（甚至许多博物馆会提供更专业的咨询）；而对于后者，则需要提供可以一目了然的信息提示，或是通过声音剪辑与视频投影，使展览的主题与内容快速被观众接收。

统一风格：无论你的设计多么富有想象力，展品多么具有魅力，所有平面媒体的表达都必须保持一致的风格，置于统一的色彩系列，包括标识系统、各级标题、展品标签、图片装裱、说明书设计、网站与目录等。使用一致的图像与文本风格可以避免混乱，例如，展厅内的标志色系如果有别于室外广告，便极有可能导致观众误以为他们进错了展厅。图文设计的一致性有利于树立展览的统一形象，一致性并不意味着沉闷。但是，无论设计多么具有创意，色彩多么炫目，一旦它们脱离了总体构思，便会使展览的完整性受到破坏。

● 平面设计的风格定位

在多数情况下，展览的平面设计受到客户自身的欣赏习惯与品味的影响。不论对于博物馆还是商业展览来说，由于他们常年沉浸于自己的文化氛围，对任何偏离自己传统的审美改变都会持谨慎态度。就如同一个家庭，房子的装修风格是由主人的爱好所决定的。每一个博物馆或是商业公司，已有的品牌形象必须保持，展览的文字与图片也必须反映主题或企业文化，甚至拥有固定的标准化字体与摄影风格。许多博物馆和几乎所有商业客户都会对设计团队提出明确的版式（包括色彩）要求。

固化的思维会导致平面设计的枯燥和公式化，而一个吸引人的展览平面无疑是客户与设计方都想达到的目标。因此，设计师必须认清两点：（1）认真听取客户的需求，尊重甲方的基本诉求；（2）对客户的要求进行消化，并开展深入的研讨，在原设想的基础之上提出更加合理的替代方案。说服客户的过程其实也是设计过程中的重要环节，沟通也是一种学习，只有充分地了解服务对象的需求以及所有需求背后的文化动机后，才有可能为客户做出有的放矢的专业服务，提出一个既不会弱化原有风格，又能帮助提高设计品位的解决方案。

● 版式的易读性与可读性

易读性：易读性是指字体的清晰度。作为展览信息载体的文字如何排列，在展览文本的设计中至关重要的。在设计文字版式时，平面设计师对字体的大小、段落间隔、字体样式、版式布局、字体与背景色彩等方面进行全面把控。这一切工作的目的除了对美观的追求之外，就是让参观者可以轻松阅读。在许多国家，包括美国与欧盟对于文字的易读性都有专门的立法，如在公共场所的所有标识文字必须确保公众，包括具有某种程度阅读障碍人士都能读懂。这意味着展览设计师也负有责任让广大的参观者，包括视力相对较差的观众，能够感受到展览所提供的一切信息轻松易读。

为达此目的，除了字体样式与文字大小之外，易读性也与许多设计问题相连，如文本所处的环境。如果光线条件较差，或者文字被放在反射玻璃后面，都会增加读取信息的难度。因此设计师还需要充分考虑到文本的位置及与周围环境的关系，如果文字标签必须放在离观众较远的玻璃柜中，除了字体的考量之外也许提前对照明提出具体的要求。其他细节还包括文字设置的高低与观众的阅读（观赏）角度等。

不言而喻，照明质量与易读性息息相关，文本的易读性也会受到文本本身与底板之间的色彩与对比度的影响。如果它们的色度与色相太过相似，则文字将难以阅读并且对于视障者来说肯定造成阅读问题。因此，利用加强明暗反差与色彩对比就成为平面设计师用来提升易读性的常用补偿手段。

尽管各国有关安全的立法中并没有对易读性（如字体的大小）做出明确的规定，但展览界的最小标签文字一般不会采用小于 18 号的标准字体。尽管如此，在照明不够明亮或观众阅读距离较远的环境下其易读性也是远远不够的。

最为可靠的办法是，设计师将文字按照实际大小与色彩打印出来，将其固定在预定距离以外的墙壁上进行现场验证。

可读性：可读性指的是某段文字是否易于理解，它通常与句子结构的复杂程度有关。冗长、复杂和过于专业的词语会增加理解的难度，尽管它们在语法与表达上完全正确。许多展览机构在展纲的文本准备中建议，一般博物馆的文本说明应以 12 岁的阅读标准为目标。研究表明，即使对于那些有很高阅读能力的参观者来说，在许多博物馆与展览的特定环境下，也经常难以集中精神专注于大段的阅读，毕竟那里的环境会不同程度地受到环境与人流的干扰。所以，展陈中文字的简练与易读性必须大大高于普通图书馆与课堂中的阅读标准。

有些博物馆对展陈文字的易读性较为重视，但相当一部分客户对文字的易读性缺乏必要的重视。他们似乎更重视展纲的文学性，更在意文字的优美与叙述的文字风格。在现实中，展览的展纲撰写团队通常是由一些具有文学与文字背景的人们组成，而他们中的大部分人或许对于如何撰写展览文本的经验不足。下面所要介绍的专门用于编写展陈标签的“伊卡芙（Ekarv）方法”或许可以作为一个如何加强文字易读性的有效参考。

“伊卡芙方法”是以瑞典邮政博物馆的著名作家与翻译家玛格丽特・伊卡芙（Margareta Ekarv）命名的写作指南，其有效性已得到研究的证实，并已被广泛采用。该系统解决了易读性和可读性问题，并提供了文本编写与布局的建议。

伊卡芙认为，易读性与可读性的关键在句子的长度和段落划分，句子与段落的长度与阅读的难度成正比。伊卡芙方法建议阅读文本以“小块的，可以一口吃掉的小块方式传递”。研究表明，较小、明确定义的段落比长而密集的段落更容易阅读和消化。我们的观众并不总是以线性方式阅读，他们通常通过挑选关键词和短语来理解文本。用短句表达会便于阅读者更加迅速地捕捉关键词，同时，较小的段落也可以使他们对整个版面一目了然，轻松快速地了解基本信息。下面是“伊卡芙方法”的主要内涵。

1. 用简单的语言表达复杂的想法
2. 使用正常的口语顺序

3. 每行一个主要想法，用一行字表达清楚，不可以另起一行
4. 每行不宜太长，每一自然段大约不超过五行
5. 主语放在句子开头，动词明确
6. 句子避免使用复杂结构，减少形容词、副词、连词与从句等的使用
7. 文字写出后要大声朗读，以检验句子的停顿与呼吸
8. 调整措辞与标点符号，以符合演讲的节奏
9. 不断修改和完善措辞，力求凝练，最终达到“充满诗意的水平”

从以上几点建议可以看出，理想的展览文字其实就应该是一段完美的解说词，它也可以通过讲解员的朗读直接转化为具有感染力的声音表达。

● 图文的常用制作手段

大幅面印刷：大多数展览版面的图形都是通过专业的具有印制大幅面制品的印刷厂完成。相较于那些传统的手段（诸如丝网印刷等手工方法），数字印刷更加快速、方便、准确。版式的设计与安排也可直接由数字文件生成，因此制作流程更为高效并且直观。但是，当设计需要某种特殊效果时，传统的手工制作也会成为选项。

塑料贴纸字体：通常用于各种不同型号的标题与标牌，PVC文字是从一卷带有黏性背衬的乙烯基薄膜上切下来的，然后小心地将它贴在展板或展墙上。这是一个需要十分细心的工作，通常由熟练的工人承担。过去，所有字体都是手工刻制出来的，但现在刻制工作几乎普遍使用与计算机相连的数字雕刻机来完成。但这种塑料贴纸不适用过小的字体或过长的文字段落，这主要是因为相对于印刷此种工艺过于费工费时。现在的贴纸产品种类繁多，不仅包括各种字体及不同的颜色，甚至不同的材质，如半透明的薄膜字体与可以贴到玻璃上的半透明的磨砂字体等。

干转移（也称为擦拭或贴画）：它是一种贴纸，可以在不使用水或其他溶剂的情况下通过摩擦所产生的热能将文字或图案牢牢地贴到展板上。贴纸本身被固定在一层背衬材料上，如半透明

纸张或透明胶片。使用时将贴画放置在所需位置，正面朝上。然后通过用圆头触笔或光滑的钝器（例如圆珠笔）摩擦贴纸上的背衬，将所需的贴画或文字贴到展板或展墙表面。热量和压力使贴花脱离原有的背衬而牢固地黏附到新表面上。移除背衬后，贴纸图案或文字就被成功地转移到展板上面了。

干转移贴纸通常比一般的塑料贴纸更精细，更适合于较长的文字段落与较小的字体。这种制作技术被广泛应用于各种博物馆，画廊与展览会的文字解说。

镂空刻字：从背板上突出的立体文字。对于低浮雕字母（厚度达 10 毫米）通常采用苯板，其主要原因是成本低廉。其他材料包括钢、黄铜、铝和各种有机玻璃材料等。金属字体往往价格昂贵，不适合临时展览。立体文字除了文字的表达功能外还具有许多艺术表现功能，如在透明或半透明材料制成的字体背后投光可以产生特殊的视觉效果等。现代展陈制作厂家普遍使用各种数控机床来切割浮雕字母、包括水刀、激光切割机和铣床等。当然，镂空字体也可以用各种实心材料进行手工雕刻。

喷墨打印：大幅面喷墨打印机是数字印刷行业的主力。它的工作方式与普通 A4 版本相同，但滑架更宽，可以接受纸卷而不是单张纸张。除了普通纸张也可在印织物、薄膜、PVC 等材料上进行打印。其打印的最大尺寸取决于所用卷筒的长度，通常为 30 米。打印出的产品除了可以悬挂之外，还可以装裱在 MDF（中密度纤维板）、苯板或其他塑料板材上，以赋予它们坚挺度。喷墨打印的表面还可用薄膜密封，这样的处理不但使其坚固耐用，还可使其表面具有多种不同的光泽度，如丝光或亚光等。

数码摄影印刷：这是一种最昂贵的大幅面印刷方式，往往仅限于高精度照片的制作。不言而喻，摄影高质量印刷比喷墨印刷更细腻，无颗粒感，更类似于标准照片。数字照相印刷品有时被赋予印刷机制造厂商的名称，譬如 Cibachome 或 Lambda 照片。数码摄影印刷使用特殊的相纸，其最大尺寸取决于所用印刷机的类型。照相印刷品根据展陈设计师的具体要求可采用光面，缎面或亚光等不同洗印效果。

实材印刷：直接将图文印刷到各种不同材质基板上的工艺，

例如木材，各种金属或塑料板材。该技术相对较新，正处于快速发展中。新机器可在最长 3 米的表面上进行高分辨率打印（600 dpi 或更高）。打印效果根据不同基板而有所不同，如目前在瓦楞纸板、木纹胶合板、塑料和有机玻璃板等材料表面上的效果较为理想。目前大多数机器可印刷的材料厚度最大限度为 40 毫米。最新的多材质印刷机的印刷程序中还包括喷涂一层保护膜，为图形的指定区域提供不同光泽度的表面。但实材打印的保护层仅仅是一层非密封的保护层，在使用时应注意防水。实材打印还适用于在较大的面板上进行无缝打印。

热转移印花工艺：纺织面料的一种特殊印花工艺。织物印染可以用于各种类型的纺织材料，但在展览中它特指用于织物面料的印刷。织物印染是将水基染料转变成与聚酯织物或其他聚合物结合的气体的过程。它通过对聚合物分子染色，产生出永远不洗掉的生动图形或文字。此种工艺是借助印花纸和热压机完成的。它耐用、持久，并且可以非常好地渗透进织物内部，不但适用于印刷开放式横幅，对较厚的织物与纱布状的孔状材料也有不错的印刷效果。

丝网印刷：丝网印刷是一种非数字化的手工工艺，在现代展览展示中的应用相对较少。

它以丝网作为版基，并通过感光制版方法，制成带有图文的丝网印版。丝网印刷由五大要素构成，丝网印版、刮板、油墨、印刷台以及承印物。利用丝网印版图文部分网孔可透过油墨，非图文部分网孔不能透过油墨的基本原理进行印刷。印刷时在丝网印版的一端倒入油墨，用刮板对丝网印版上的油墨部位施加一定压力，同时朝丝网印版另一端匀速移动，油墨在移动中被刮板从图文部分的网孔中挤压到承印物上。丝网印刷属于较为传统的印刷工艺，比较适合于篇幅较小、具有特殊艺术效果的图文表现（图 9–17 至图 9–23）。

图 9-17 设计构成元素（图文装饰）：自从南肯辛顿（伦敦著名的 V&A）博物馆于 1857 年向公众开放以来，如何能够完美地向观众呈现出藏品的魅力，已成为所有策展人特别关注的主要问题之一，图为 V&A 的布展方案。

图 9-18 设计构成元素（图文装饰）：作为装饰艺术，展品的说明牌如何设计，尺寸与摆放位置，展览的前言与结束语应该如何装饰，这所有细节问题构成了对图文装饰的需求并逐渐成为一个任何博物馆设计中都离不开的设计环节。

图 9-19 设计构成元素（图文装饰）：作为展览的组成部分，展览的平面设计是对展出主题与故事情节诠释的主要手段，在整个展览的叙事表达中如同一位看不见的解说员，承载着展览与观众之间的桥梁作用。

图 9-20 设计构成元素（图文装饰）：国际上最为常见的博物馆藏品标签。

图 9-21（中左） 设计构成元素（图文装饰）：版式设计案例，较为活泼的平面设计风格。

图 9-22（中右） 设计构成元素（图文装饰）：版式设计案例，用色块区分展览内容（色彩标识系统）。

图 9-23（下左） 设计构成元素（图文装饰）：为方便小朋友们阅读，专门为他们而设计的低位展板。

实物陈列

毫无疑问，实物展品是博物馆与展馆的核心。无论是考古文物还是现代艺术作品，无论是大型动物标本还是显微镜下的微生物，是这些实物展品构成了展览的基础，没有实物陈列的博物馆在世界上几乎是不存在的。在前面章节里所介绍的所有类型的博物馆中，大量的实物陈列作为叙事的主角向来访者无言地传递出关于人类历史文化的大量信息：古代雕塑、文献典籍、战场杀器、交通工具、民俗杂物、科技发明等浩瀚的实物馆藏占据着展览的大部分空间，而所有其他展览元素（图文、视频演示、照明等）则完全处于配合地位，如众星捧月般将展品实物最大限度地突出在观众面前。

展品陈列的最高任务是通过设计手段将展品的最好形态呈现给观众，包括位置、观赏角度、照明及周边环境的色彩与装饰材质等的配合。但同时也要根据藏品本身的特点，不做过度的包装以防画蛇添足甚至喧宾夺主。如卢浮宫中的古代雕塑馆的陈列朴实无华，那些雕塑以自身的天生丽质与体量，除了基本照明外不需要任何人为的设计装饰；相反的例子如各国的古代钱币则一般需要放在精美的展柜中并配以高贵的丝绒作为衬底。总之，不同的实物藏品陈列需根据本身的情况施以不同的处理，本章节的内容即聚焦于探讨并介绍一些常见的展品陈列方式。

● 大型实物展品

大型实物展品不但是各类博物馆的重要藏品，也往往成为该馆的独特标识，如航空博物馆的飞机与各种航天器，交通博物馆中的各种车辆，战争博物馆中的坦克大炮，等等，这些大型展品会给参观者留下深刻的印象甚至是终生的记忆。

虽然这些庞然大物一般多为博物馆不可或缺的重要展品，但实际上它们并不需要展陈设计师的过多关注，就像博物馆的建筑一样，往往是独立的陈列。例如英国皇家空军博物馆的两件第二次世界大战宝贝——吐火式与飓风式战机在最初规划阶段就被确定在广场上安放；又如大英自然科学博物馆宽敞的大堂中陈列的蓝鲸骨架的核心位置恐怕也是任何新的展陈规划难以撼动的。

除了这些明星级别的重要藏品外，其他较为大型的展品除了自身的展出位置外，也基本上不需要过多展陈上的设计包装，一般都是作为核心展品醒目地独立于展陈空间。这样的例子比比皆是，如交通博物馆中的老式火车头，纽约“911”国家纪念馆中的建筑钢梁等（图 9–24 至图 9–32）。

图 9–24 设计构成元素（实物陈列）：佛罗伦萨美术学院的镇馆之宝——大卫雕像。

图 9–25 设计构成元素（实物陈列）：大英博物馆古希腊馆中陈列的帕提农神殿的石雕。

图 9-26 设计构成元素（实物陈列）：保时捷博物馆中的奖杯。

图 9-27 设计构成元素（实物陈列）：纽约科学博物馆展出的陨石。

图 9-28 设计构成元素（实物陈列 - 大型展品）：英国皇家空军博物馆的露天陈列。

图 9-29 设计构成元素（实物陈列 - 大型展品）：英国自然博物馆大厅的蓝鲸骨架。

图 9-30 设计构成元素（实物陈列 - 大型展品）：英国古船博物馆。

图 9-31 设计构成元素（实物陈列 - 大型展品）：泰国皇家画舫博物馆。

图 9-32 设计构成元素（实物陈列 - 大型展品）：加利福尼亚里根图书馆中的总统专机——80 年代退役的“空军一号”。

● 展柜

经常造访博物馆的人们对博物馆展柜一定不会感到陌生。在展厅里面，我们既可以看到沿墙壁展开排列的大通柜，也可以看到在展厅中间单独放置的中心展柜。它们的共同点就是面向观众将他们与展品用玻璃隔开。但也有些展览，如油画、雕塑等，就不是被放在展柜里，而是用安全线或围栏控制观众与展品的距离。

在大英博物馆 1759 年刚刚开馆的时候，一位观众在留言簿上就曾留下了这样话："我们依序参观了一个又一个的房间，而所看到的只是一个又一个玻璃展柜，完全记不得看到了什么。"可见博物馆与展柜的渊源已有久远的历史。

利用玻璃展柜与设置围栏这两种方法，在近代博物馆诞生之后就被确立，直到现在已经变成了博物馆布展最为重要的传统之一。不过当时玻璃工艺落后，尺寸小、平整度差，直到 1959 年英国才率先研制并大量生产出尺寸规格较大的平板玻璃，博物馆也因此才能普遍使用玻璃展柜来举办展览。

使用玻璃展柜将展品与展厅的大环境隔绝开来，一方面可以避免观众对展品的接触，避免损坏的风险；一方面可以创造出展柜内部小环境，可以让展品处于恒温恒湿中，对有机质、金属质的文物来说尤其重要。因此无论展柜的大小与形状有多么不同，以下的两项硬核指标必须得到满足。

展示性：即要求玻璃本身的质量必须通透，以便观众对展品的直接观赏不会受到玻璃本身质量的任何干扰。展示性又可以细分为两个具体指标："透光率"与"反光率"。

透光率高的展柜玻璃，光线穿过玻璃损失很少，其结果就是观众会感到玻璃很清晰透明。20 世纪 80 年代展柜使用的是单片普通玻璃，当时由于工艺还不先进，玻璃里面还有微量的铁，导致不但透光率低，而且颜色看起来还有些偏绿。但近年来的玻璃制造采取了能够降低铁含量的先进工艺，已能生产出透光率在 90% 以上的超白玻璃，基本上解决了透光率问题。

反光率高的展柜玻璃，光线进入玻璃时容易产生反射，观众能从玻璃上看到反射的光影，影响视觉效果。超白玻璃虽然透光率高，但反光率并不理想，很容易形成倒影。但目前世界上已有不少玻璃生产厂家可以生产出反光率在 1% 以下的低反射玻璃，在参观中基本上看不到人影，基本上解决了反光率问题。

安全性：博物馆展柜玻璃隔绝了展品与环境，因此必须安全牢固。所谓安全性，就是玻璃受到外力冲击时能保持不破碎的性质。此要求也可以细分为两项具体指标："牢固性"与"防自爆性"。

展柜的牢固性是博物馆对防止文物盗窃与损坏的最起码的要求。目前绝大多数博物馆所使用的都是将普通玻璃快速加温并均匀冷却后制成的钢化玻璃，其抗暴力冲击和抗弯能力都与普通玻璃不可同日而语。

但钢化玻璃所带来的另一问题却是偶尔可能发生自爆（概率在千分之二左右）。对此博物馆的应对策略是用胶将两层钢化玻璃黏结起来，称为夹胶玻璃，这样不但可以有效地降低自爆现象，即便自爆发生后所产生的玻璃碎片也由于是黏合状而不至于伤及展品。目前多数博物馆所采用的展柜制作材料就是"低反射夹胶钢化玻璃"。

博物馆的展柜形态各异，常见的形式有立式、桌式、窗式等，所用材料除了透明的玻璃材质外，主要还有木料与各种金属材质。当然，有些经过特殊设计的展柜本身就是精美的艺术品。展柜的选择除了考虑展品的大小、质料等本身特点外，还要根据最佳观赏角度而定。

展台：摆放展品的底座，没有透明外罩。一般用于陈列体积较大、较重、不易被挪动的展品，如雕塑、模型或其他艺术装置等。但出于安全考虑，可在展台前或四周加设防护栏或安全线。展台有独立展台和连续展台。

立式展柜：略高于人体独立摆放，可四面观看的陈列柜。历史展柜宜于陈列需四面观赏的立体展品，如较大的古代文物或雕塑类的其他实物展品。参观者与陈列品之间的观赏角度一般为平视与向下俯视 45 度角之间。立式展柜有低台座与高台座之分，低台座即防护玻璃罩基本贯通到底的全透明展柜；而高台座展柜的透明部分一般在 1 米以上，下部为封闭的不透明实体或通透的框架结构。

桌式展柜：顾名思义，类似于将陈列品摆放在供大家观赏，所不同于一般桌子之处在于上面加盖了一层玻璃防护罩。这种展柜多用于陈列展示书画、书籍、文献或小型文物等。桌式展柜往往需要参观者近距离附身观赏，被观众触摸或身体接触的机会比其他类型的展柜要多，甚至经常还会发生有人会在不经意间趴在玻璃上的情况，因此在设计时应特别注意展柜的抗压强度。

展窗：沿墙排列并嵌入展墙的透明陈列展柜，与商店陈列商品的橱窗相似。展窗的尺寸大小悬殊，在博物馆中可以看到很大或很小的展窗，前者如大型自然历史博物馆中的场景模型，后者如艺术馆中展示的小件珍宝。展窗既独立展窗，还包括连续或组合式展窗，即将若干个展窗连续排列或组成阵列。

展廊：装有玻璃幕墙的展墙。与普通展墙的区别是，一般展墙多用于展示平面化的图文，而装有玻璃的展廊即是一种将图文与实物展品统一在一起的综合展窗。这是一种最为常见的，无论大型或小型博物馆都最喜欢采用的展陈形式。或许它的优点就在于可以将图文与实物统统装在一起，不用准备过多各种不同规格的展柜和复杂的灯光照明，不但在内容上最具包容性，而且最易维护也最安全省心（图 9–33 至图 9–45）。

图 9–33 设计构成元素（实物陈列 – 展柜展台）：卢浮宫的展柜和展台。

图 9-34 设计构成元素（实物陈列 - 展台）：安特卫普设计展的展台。

图 9-35 设计构成元素（实物陈列 - 展台）：旧金山蒂扬博物馆的展台。

图 9-36 设计构成元素（实物陈列 - 展柜）：日本现代陶艺陈列的“水展台”。

图 9-37（上） 设计构成元素（实物陈列 - 展台）：日本 Pola 艺术博物馆展台。

图 9-38（中） 设计构成元素（实物陈列 - 展柜）：卢浮宫的展柜与环境完美地融合在一起。

图 9-39（右） 设计构成元素（实物陈列 - 展柜）：奢侈品店的圣诞展窗。

图 9-40 设计构成元素（实物陈列 - 展柜）：阿拉斯加安克雷奇博物馆展柜。

图 9-41 设计构成元素（实物陈列 - 展柜）：阿什莫林博物馆的特殊展柜。

图 9-42（左） 设计构成元素（实物陈列 - 展柜）：阿什莫林博物馆大韩馆陈列展柜。

图 9-43（下） 设计构成元素（实物陈列 - 展柜）：墨尔本博物馆的展陈通柜。

图 9-44 设计构成元素（实物陈列－展柜）：维也纳设计中心的特殊平面展台。

图 9-45 设计构成元素（实物陈列－展柜）：澳大利亚战争博物馆平面展柜。

模型

在博物馆展厅里看到的实物陈列中，除了以上谈到的实物展品外，参观者们还经常会看到大量的立体模型：航空器、车辆、舰船、建筑、地形地貌沙盘模型等不胜枚举。这些模型配合展览的需要，以形象逼真的自身形象还原和再现了那些曾经存在或仍然存在但不可能搬到观众面前的东西，如古代的村落或喷发的火山。

模型展示是展陈叙事链条中的重要组成部分，也是和文字、实物展品一样同属于展览内容的范畴。它们往往是图文的补充，将图文所描述的物体或场景再现。为了做到逼真，这些模型通常具有严格的比例要求，因此，不同于普通的艺术模型，博物馆展示模型的制作除比例要求外，还具有强调细节的精确与制作工艺精良的特点。

以下是博物馆展陈中常见的模型种类。

● 地形地貌沙盘模型：以微缩的方式来表示地形地貌特征，在模型中体现山形、水系、道路等实景。还可表现具体的地形数据，为人们提供从微观到宏观的观察视角。地形地貌沙盘模型适用于表现交通、水利、电力、国土资源、旅游、军事等方面的展示内容。

● 建筑沙盘模型：是以微缩实体的方式来表示建筑物的造型及与周边环境地理关系，将建筑设计师的意图转化成具体实物，使用户直观的了解设计师的意图和构想。建筑沙盘模型主要应用于房地产开发、城市规划、设计方案讲解、消失或损坏建筑物的还原保护等领域。

● 场景沙盘模型：是将一个生活场景或工作场景以微缩的实物展现出来，是一种比照片更生动，更有立体感、艺术感和身临其境的融入感。主要应用于考古研究、场景复原、科幻场景等。也是影视拍摄等领域常用的手段。

● 科技原理演示模型：这类模型大量见于那些科技类博物馆中，主要指那些演示与解剖类型的模型，如火箭发动机工作原理模型、垃圾处理流程演示模型等。这类模型一般分为动态模型与静态模型两种。

● 缩微模型：或许这是一类历史最为悠久、博物馆中最常见、我们大家最为熟悉的一个模型种类。它们几乎与玩具同类：汽车模型、火车模型、飞机模型、帆船模型、起重机模型、军事装备、钻井平台模型等。这类模型可以说囊括了所有过去、现在或未来中现实与虚幻的任何事物。它们的功能就是将展览中所描绘的东西实实在在地展现给观众，将那些存在于各种知识与文献中的事物呈现在人们面前。

● 电子沙盘：分为声光电沙盘与多媒体触控沙盘等多种类型。一般由多媒体触摸屏一体机、逻辑控制器、驱动器、舞台灯光控制器以及触摸式遥控器（掌上电脑）等设备组成。或与模型沙盘、大屏幕投影以及多媒体展示软件等配合使用，实现对模型灯光、舞台灯光等进行自动、手动、遥控等控制，将语音、文字、图片与视频图像等多种形式配合，同步展示相关信息，以达到互动式的多媒体展示效果（图 9–46 至图 9–59）。

图 9-46 设计构成元素（模型）：皇家陆军博物馆，滑铁卢战役地形沙盘。

图 9-47 设计构成元素（模型）：美国铁路博物馆模型沙盘。

图 9-48 设计构成元素（模型）：大江户博物馆的 19 世纪东京殖民建筑模型。

图 9-49 设计构成元素（模型）：大江户博物馆的歌舞伎剧场建筑模型。

图 9-50 设计构成元素（模型）：大江户博物馆的日本桥景观模型。

图 9-51 设计构成元素（模型）：大江户博物馆的民间祭礼庆典场景模型。

图 9-52 设计构成元素（模型）：美国自然历史博物馆的大萧条时期的洛杉矶东区。

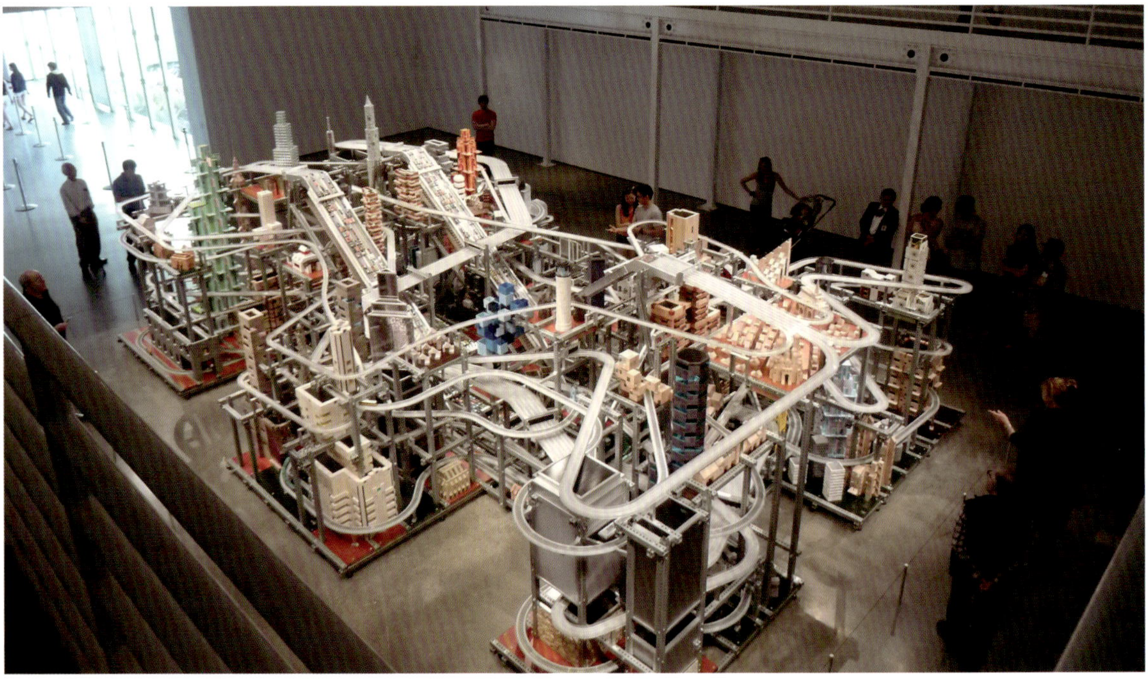

图 9-53 设计构成元素（模型）：洛杉矶城市博物馆的交通管控示意模型。

图 9-54　设计构成元素（模型）：东京科学博物馆，火箭发动机缩微模型。

图 9-55　设计构成元素（模型）：大江户博物馆，江户时代木船（缩微）模型。

图 9-56　设计构成元素（模型）：大江户博物馆，为残障人士专门设置的可触摸模型。

图 9-57　设计构成元素（模型）：大江户博物馆，为残障人士专门设置的可触摸模型（局部）。

图 9-58（上） 设计构成元素（模型）：美国国会大厦游客中心的半立体模型展板。

图 9-59（右） 设计构成元素（模型）：美国印第安民族博物馆的电子沙盘。

艺术装置

各种艺术装置，包括大型雕塑、艺术场景等是现代博物馆中的视觉亮点，也可以成为展览主题的点睛之笔，它正逐渐成为博物馆设计中越来越受人们关注的重要环节。现代博物馆的设计在加速引进现代科技手段的同时，也在不断扩大与各种艺术手段的融合范围，为博物馆的视觉呈现不断添加新的语言。

艺术作品在博物馆中的陈列不仅可以起到装饰作用，有时还可以作为叙事载体直接成为展览的组成元素。但与实物展品不同的是，艺术作品本身具有更大的想象空间，体量的大小基本不受限制，可大可小只要展厅可以容纳，因此具有极大的表现主题与叙事的潜力。

● 绘画与雕塑

传统的绘画与雕塑一直以来都是各类博物馆展陈设计不可或缺的组成部分。这不仅在于历代的绘画与雕塑本身就是博物馆的收藏品，而更是作为一种装饰手段而服务于博物馆的展陈设计，例如各类博物馆中兼具主题表现与装饰功能的大型壁画与大型群雕。这些作品中的绝大部分采用了现实主义的手法，以真实的形象还原历史的瞬间，通常以较为夸张的造型与色调，突出表现出一种强大的视觉氛围。

博物馆设计尽管借鉴了从平面到立体的几乎所有纯艺术手段，不仅可以将它们独立应用，如单幅主题油画、历史人物雕塑（包括群雕），更结合自身的巨大空间特点对这些艺术元素进行组合，利用平面绘画、浅浮雕、深浮雕、圆雕等不同表现特点构建多层次的表达空间，进而形成一种新的三维立体空间。其中最为常见的形式就是“半景画”，一种由前景的立体化道具（或人物）逐渐向后过渡至平面背景，具有纵深感的立体画面（图 9–60 至图 9–65）。

图 9–60 设计构成元素（艺术品）：底特律艺术博物馆壁画。

图 9-61 设计构成元素（艺术品）：美国自然历史博物馆非洲馆半景画。

图 9-62 设计构成元素（艺术品）：乌克兰塞瓦斯托波尔国防博物馆的半景画。

图 9-63 设计构成元素（艺术品）：费城博物馆主题雕塑“社会的觉醒”。

图 9-64 设计构成元素（艺术品）：美国国家宪法中心的群雕，参观者穿行于真人大小的雕像间，亲身感受当年国父们建国时的工作情景。

图 9-65 设计构成元素（艺术品）：乌克兰卫国战争博物馆的主题雕塑。

● 装置艺术

装置艺术本是一种由 20 世纪后半叶发展起来的三维艺术，在形式上它集雕塑艺术、波普艺术、建筑艺术、装饰艺术等之大成，形成一种新的艺术形式用以表现特定的主题或情感。它们通常被摆放于特定的场地，参观者可置身其中并从多个角度观赏玩味。一般来说，大多数装置艺术作品适用于室内空间，而陈放于室外露天空间的装置作品通常被称为公共艺术。但是这也并不绝对，因为许多陈列在室内环境的装置作品也同样被称为公共艺术，譬如在许多国家的新机场候机大楼或大型商业中心内就经常看到这类作品。

与雕塑艺术相比，雕塑是一种从外面看的独立形式，而装置艺术通常是将观众包围在作品之中。装置艺术考虑了更广泛的感官体验，而不是将注意力聚焦于墙面上或基座上摆放的孤立物体。这意味着空间与时间的融合，“艺术”与“生命”之间界限的消解。

这些艺术作品既可以是临时展出，也可以是永久性陈放。除了刚刚提到的大型公共空间的永久性装置，在博物馆、画廊等展览空间经常可以看到定期举办的装置艺术展。

装置的用材融合了广泛的日常与天然材料，试图通过某些精心挑选并“令人回味”的材质引发观众的情感共鸣。近年新出现的一些装置作品甚至还加入了音视频、沉浸式虚拟现实与互联网等新媒体技术。

现代博物馆设计理念中的叙事性为装置艺术提供了施展的空间，装置艺术与生俱来的表现性与装饰性也为展陈空间带来了明显的视觉改观。正如从图中可以看到的那样，许多著名的装置作品本身就如同博物馆的展厅，如盐田千春的系列作品“尘封的记忆”，观众不但可以从远处欣赏它的瑰丽，它还邀你走入这个特定空间去感受这种沉浸式环境带给你的感受（图 9–66 至图 9–72）。

图 9-66　设计构成元素（艺术品）：艺术装置“尘封的记忆”（盐田千春），红线将数万把生锈的钥匙穿吊在空中，每一把钥匙都可以开启一扇记忆之门。

图 9-67　设计构成元素（艺术品）：艺术装置“冷物质与暗物质”（科妮莉亚·帕克），燃烧后的焦木组成一组美妙的立体图案。

图 9-68 设计构成元素（艺术品）：艺术装置“无限的空间”（草间弥生），利用镜面反射制造的深邃效果。

图 9-69 设计构成元素（艺术品）：艺术装置“点点的世界”（草间弥生）。

图 9-70 设计构成元素（艺术品）：横滨方便面博物馆的艺术装置。

图 9-71 设计构成元素（艺术品）：艺术装置“热气球”，LV 回顾展，飘浮的展柜带给参观者一种新奇的心境。

图 9-72 设计构成元素（艺术品）：达拉斯犹太大屠杀博物馆中的艺术装置。

● 作为艺术装饰的文字

在展陈设计中，文字除了作为图文部分的基本表述功能之外，也具有明显的装饰功能，特别是三维立体文字甚至可以与雕塑、装置等艺术品相媲美，成为展陈空间中极美的亮点。

与中国历史悠久的书法艺术不同，承认文字的字体本身也是一种艺术的概念直到 20 世纪才被欧洲的字体专家们认可。他们将字体形容为一只美丽的“水晶杯”，意思是说当它装满醇芳的美酒时，它本身因为透明而不可见，但实际上它的本身美丽并不逊于美酒本身。不论是拉丁文字、希腊文字、阿拉伯文字、印度文字，还是任何文化中所产生的文字，它们本身既承载了语言的内容，字体本身也无不蕴含着美学上的意义。

这个新的理论发现，将各种美术字体从印刷、广告等平面媒体扩展到建筑、公共空间、城市规划以及各个文化领域，成为文字表达功能之外的一种具有视觉张力的新形式。不同流派的艺术家们对字母进行不同的组合、变形，改变它们的形状、空间形态、色彩与材料肌理，用以表达各种情感与思想。

在过去的几十年当中，作为艺术装饰的文字在博物馆展陈中几乎无处不见。从外部的建筑元素、道路设计、园林景观到内部的导览系统、室内空间设计（包括天花、墙壁、地面）、独立装置等都融合与糅进了大量的文字形象，包括象形文字、字母与数字。在设计方面，许多设计师对文字的运用提出过不少具体的建议，虽然各自的说法不尽相同，但唯一的共同点是字体的大小很重要（size does matter）（图 9–73 至图 9–81）。

图 9–73 设计构成元素（作为艺术装饰的文字）：英国黑池喜剧大会“喜剧地毯”，2200 平米的文字地面装饰内容全部是幽默段子。

图 9-74 设计构成元素（作为艺术装饰的文字）：上海世博会韩国馆，文字字母作为建筑造型。

图 9-75 设计构成元素（作为艺术装饰的文字）：用字母组成的天顶，随着照明灯光角度的变化，使空间产生动感的同时创造出超现实的意境。

图 9-76 设计构成元素（作为艺术装饰的文字）："小玩意"，发光文字占据整个墙壁立面，强烈的信息传递。

图 9-77 设计构成元素（作为艺术装饰的文字）："找出我的语言"——文字迷宫由世界各种文字组成。

图 9-78 设计构成元素（作为艺术装饰的文字）：随意堆积的字母既表明了展览的主题，也提升了展示空间的美学情趣。

图 9–79 设计构成元素（作为艺术装饰的文字）：文字与建筑空间融为一体。

图 9–80 设计构成元素（作为艺术装饰的文字）：“诗词垂帘”，由于每个字母可能都不在一个平面上，为了读出一段完整的诗句，读者需要不时伸手去转动字母。

图 9-81 设计构成元素（艺术品）：灯光透过镂空的文字产生炫目的光影效果。

● 舞台美术与场景设计

现代博物馆中的场景设计明显地受到越来越多的重视，它已成为营造博物馆特殊艺术氛围的有效手段，甚至成为展馆空间中的视觉焦点。这些场景充分借鉴了舞台美术与电影美术中的造景手段，不仅可以将某一特定场景真实再现，更重要的是，场景设计本身还兼具叙事性，而这一特性正好迎合了博物馆空间对叙事功能的诉求与渴望。

位于美国堪萨斯城的第一次世界大战博物馆中的入口大厅，一座透明的玻璃天桥从一片麦田的上空跨过进入展厅。参观者从桥上向下望去，他们看到的是脚下这片金色的麦田与点缀其间的红色罂粟花，这一为大家所熟悉的典型场景立即将观众带入那个特定的年代，这一空间场景的塑造恰如一出大戏的序幕，为观众进入正式展厅前进行了情绪上的铺垫。

场景画面犹如命题画，一切情感的表达都要围绕剧本——展陈大纲展开。视觉呈现既要好看，更要服务于剧本的主题（图 9-82 至图 9-99）。

图 9-82 设计构成元素（舞台美术与场景设计）：“罂粟花麦田”，美国第一次世界大战博物馆序厅，参观者从悬空的玻璃天桥进入展馆，桥下是一片开满罂粟花的麦田，当年的战场就发生在这样的田野上。

图 9-83 设计构成元素（舞台美术与场景设计）：纽约大都会博物馆埃及厅，神庙的场景被成功地融入现代环境。

图 9-84 设计构成元素（舞台美术与场景设计）：纽约大都会博物馆苏州庭院汲取了中国古建筑的精华，为参观者营造了一个典型的苏州园林。

图 9-85 设计构成元素（舞台美术与场景设计）：纽约大都会博物馆美国厅，典型的“屋中屋”，英国殖民时期建筑外观将参观者引入室内的展品陈列。

图 9-86　设计构成元素（舞台美术与场景设计）：仿古希腊祭坛，柏林佩加蒙博物馆。

图 9-87　设计构成元素（舞台美术与场景设计）：米利都斯市场大门，柏林佩加蒙博物馆。

图 9-88 设计构成元素（舞台美术与场景设计）：伊什塔尔门，古巴比伦内城的第八座大门。

图 9-89 设计构成元素（舞台美术与场景设计）：伦敦码头博物馆中的“水手城”复原场景。

图 9-90 设计构成元素（舞台美术与场景设计）：波士顿碧波地博物馆，自中国安徽省完整迁置的清代民宅古屋“荫余堂”真实地全景展现了传统徽派民居的文化细节。

图 9-91 设计构成元素（舞台美术与场景设计）：东京大江户博物馆中的歌舞伎剧场复原场景。

图 9-92 设计构成元素（舞台美术与场景设计）：东京大江户博物馆，原尺寸复原的“日本桥”位于这座博物馆的入口必经之地，所有参观者首先要乘电梯到达六楼，然后从这座桥上进入展厅，当踏上桥头时颇有一种身临此地的感觉。

图 9-93 设计构成元素（舞台美术与场景设计）：纽约自然历史博物馆的大型森林景窗。

图 9-94 设计构成元素（舞台美术与场景设计）：纽约自然科学博物馆做工精致的景窗。

图 9-95 设计构成元素（舞台美术与场景设计）：纽约自然科学博物馆做工精致的景窗。

图 9-96 设计构成元素（舞台美术与场景设计）：纽约自然科学博物馆做工精致的景窗。

图 9-97 设计构成元素（舞台美术与场景设计）：美国科罗拉多航空博物馆，情境雕塑“出发前”为纪念第二次世界大战中牺牲的飞行员们而作。

图 9-98 设计构成元素（舞台美术与场景设计）：美国堪萨斯城第一次世界大战博物馆中的战争场景。

图 9-99 设计构成元素（舞台美术与场景设计）：由储油罐改建的德累斯顿全景画博物馆，为观众提供了一个沉浸式的视觉体验。

影像与多媒体

今天的博物馆或展览，已不可能将多媒体的手段排除在外。无论是简单的音频导游，还是惊心动魄的全景模拟，多媒体的吸引力改变了我们与艺术品、文物、展品的互动方式。它有能力通过音响改变空间，通过全景电影把观众带到另一个时空，通过游戏与角色扮演让我们穿上士兵的战服，听到关于他们的故事，让一切本不存在的东西瞬间呈现在我们眼前。多媒体具有强大的能力扩展展览的生活与范围，使不同年龄、不同兴趣水平、不同学习风格和能力的观众获得愉悦和参与。

博物馆与展览的多媒体呈现涉及一系列复杂的问题：展览组织的内部结构、工作人员的能力、现有的基础设施、参与创新和媒体的兴趣和意愿、对风险的态度、技术条件、资金与营销策略，以及领导者的发展战略等。博物馆及其展览策划团队必须问自己，投资多媒体能达到什么样的目标？它是为了吸引特定的人口、加强故事讲述、提高可及性，还是扩大博物馆品牌的影响力？最终，这些评估将有助于探索多媒体如何以及在多大程度上通过创新的方式来增强、控制、管理、教育、参与和娱乐。随着我们日常生活中所依赖的技术不断变化和发展，多媒体的使用越来越被视为博物馆环境中的一种期望，因此必须从战略的高度加以考虑。

● 多媒体顾问 / 制作人在展览团队中的作用：在项目的规划和设计阶段，拥有大量多媒体创新预期的展览将受益于多媒体设计师的参与。由于专业不同，展览的规划者与设计者本身可能对这些专门的技术与概念仅仅是一知半解，但通过专业人士，他们将会引入具体的创新技术或新的创作理念，从而为展览规划带来一些意想不到的惊喜。此外，多媒体供应商可以有效地帮助设计团队在设计阶段解决技术与预算问题，从而制定出非常具体落地的投标细节。

但对于那些对多媒体仅有简单需求或预期不高，特别是那些拥有自己的 IT 与媒体部门的博物馆，则并不需要在筹划的前期邀请多媒体供应商参与，这样无疑可以降低设计的成本。

近年来，博物馆可以使用的媒体手段越来越多，新的软件与硬件技术的扩散也使创造力令人难以置信地增长，可以通过多种不同方式（甚至专门定制）来实现各种技术解决方案。对于那些不直接参与技术制作的人们来说，今日的多媒体设计与技术日新月异的发展速度甚至会令人感到恐惧。

展览内容与体验需求是多媒体设计的驱动因素。硬件、软件的选择，以及交互方式等都应从内容的角度出发，如触摸台、专用剧场、定向扬声器的触发装置、自动售货亭、移动应用程序与平板电脑、反应式或手势式装置、可穿戴设备等。比如谷歌最近的脑电波技术与触觉技术，它们可以使用模拟反馈来再造物体。

媒体技术尽管复杂，但多媒体设计可以简单划分为三个基本模块，即硬件、内容、交互方式。这三点基本考虑往往会成为策划阶段的主要讨论焦点，也是设计团队首先需要明确的战略目标。

● 活动影像（电影、录像、动画、其他视频等）：活动影像可以满足展览中的许多需求。它是一种视觉媒介，能以沉浸式的方式清晰地讲述一个故事。重演、形象化、纪录片和访谈都是通过移动图像实现的概念和方法。这些方法可以采用 2D 或 3D 实时动作、动画、运动图形与静止的蒙太奇形式。内容来自哪里？这是一部需要自创脚本和拍摄的全新作品吗？现有的图像和镜头需要获取版权许可吗？需要多少编辑？它将在展览的专用影院还是在一般展台放映？设计团队要做好思想准备，这一系列问题都将在筹备阶段反复出现。

展览中的媒体展示一般分为四大类：主题短片、背景环境、主体化电影体验、特效。

1. 主题短片：通常用来传递简洁信息或篇幅较短的故事。最为常见的是从档案片段中摘录的人物访谈，或简短概括性的主题介绍。这些经过精心编辑的内容以精练浓缩的画面语言能够产生强大的视觉冲击，并希望这种强大的吸引力足以抵消来自周边展览环境的干扰。线性叙事短片还能够借助各种音频手段，用以表达对同一主题的不同观点。如在伦敦的帝国战争博物馆举办的大屠杀展览中使用的剪辑形式，直接选取了大量以第一人称讲述的录音素材，与快速变换的蒙太奇画面交织在一起，为展览的主题提供了一种真实而丰富的表现手段。

2. 背景环境：环境展示为博物馆与展览空间提供了一种被称之为沉浸式的环境氛围，通常为了唤起一种感受或情绪来加深感官印象，从而使观众产生出自己被带到另一个时空的错觉。叙事环境往往通过大型背景画面来实现，它通常与其他展览设施相结合，如前景的模型、道具、灯光等，占用空间也较大，如占据整个墙面甚至天花板和地面，再加上立体音响设施，可以产生近似于乱真的三维环境。环境媒体的运动速度是一个不能忽视的问题，合理的频率可以助力于展览的节奏，太慢则无异于传统的背景画，太快则显得突兀并与展览节奏脱节，这是一个需要反复调试的工作。

3. 主题化电影体验：通常是一种定制化的大规模展示的电影制作，多用于展厅或天文馆的穹顶投影。它们尤其在科学博物馆受到极大的欢迎，特别是对人数众多的年轻观众。如以火箭发射、飞行奇观、太空、深海探险等电影为特色的主题表演对他们特别具有吸引力。特别是近年来这些主题经验还包含了各种物理效应，如晃动的座椅、干冰、风雨及各种气味等。例如，在莫斯科犹太博物馆中的4D影院里，伴随着微妙的运动、潮湿的雾气与立体音效，让观众沉浸在犹太人从埃及被流放的故事氛围中。然而，这种主题项目通常需要投入昂贵的制作成本与经历复杂的创造过程。因此，许多小型多媒体产业便应运而生，这些小型创作团队通常会以相对于大型公司低廉的价格为此类体验制定内容与解决方案。此外，这些小型制作公司往往拥有大量现成视频素材，可作剪辑之用。因此，当我们的设计师需要制作类似的项目时，较为明智的办法是物色一家已经拥有大部分素材版权的公司承担制作，而不必一切创作从零开始。

4. 特效：特效在博物馆的展厅中被越来越多地使用，将影像投射到各种不同材质的表面上，从而将一个平面空间转变成一个沉浸式的环境。一个著名的例子就是幻影成像，1862 年由英国人约翰佩珀发明的技术手段。幻觉可以使物体或人突然出现或消失的魔法特别受到孩子们的欢迎，因此幻影成像的英文原文被称为 Peppers Ghost（佩珀鬼魂）。幻影成像从 20 世纪起就在博物馆和展览中被用来创造一些特殊的场景。尤其到了近代，随着大幅面透明材料的出现，幻影成像更是大量出现在主题公园、展馆、剧场以及各种大型公共演出中。甚至在许多场合被冠以“全息影像”的新名称。幻影成像技术是通过使用一片透明材质和特殊的照明来实现的，它以惊人的方式将物体或人物暴露或隐藏在真实的立体环境中，尤其通过与当代数字技术的结合，如增强现实（AR）与立体音效等产生奇效。对于博物馆和展览的常用设计手段之一来说，它需要正确的照明、合适的空间条件、大量预算与足够的空间用来隐藏它的屏幕或投影设备。

● 音效

作为一种重要的展出手段，声音除了本身的叙述功能外还可以增强展品的展出效果，对于观众来说它是一种强大的、然而经常被低估的体验内容手段。它可以用作音频指南或翻译器，也可以在背景中使用。为了营造出一个统一的物理空间，创造一个普遍的氛围十分重要，尤其在不具有明确空间边界的情况下，音效氛围将成为界定空间的重要元素，如森林中的鸟鸣；或战场上的爆炸声。

新奥尔良的国家第二次世界大战纪念馆中800次对退伍军人的口述历史采访的音频资料是该馆的珍贵收藏，其中许多口述历史成为该博物馆最具影响力的展出内容。

音效内容、音量与音质、表现方式（定向、环绕、耳机）是展览音效设计的三个最基本的考虑因素。

如果采用广播方式，在音量的控制方面，将如何处理与其他媒体音效的冲突？它会变成一种重叠的声音吗？这种重叠的声音，从本质上讲，也就是展览其他部分的噪音。如果需要佩戴耳机，我们如何确保耳机不会被盗或损坏？（图9–100至图9–107）

图 9-100 设计构成元素（影像与多媒体）：1862 年，英国艺人亨利·佩珀将自己发明的“幻影成像”应用于剧场演出，神奇的视觉效果引起观众极大的兴趣。

图 9-101 设计构成元素（影像与多媒体）：“全息投影”是一种将幻影成像原理与新的投影技术与媒介材质相结合的新技术，图为德国马戏团利用新颖的全息技术代替活体动物进行现场演出。

图 9-102 设计构成元素（影像与多媒体）：希腊奥运博物馆（设计方案）中应用全息技术再现 2004 年雅典奥运开幕式表演的精彩片段。

图 9-103 设计构成元素（影像与多媒体）：坐落在巴黎东区的 L'Atelier des Lumières 数字艺术馆，其前身为一家铸造厂。这座被称为“光的空间”的特殊场地致力于沉浸式艺术展示，使用最先进的视觉和音频手段，将艺术家的作品（使用 140 台激光视频投影仪）投影到占地 3300 平方米的 10 米高墙壁上，可以为观者提供多种强烈的感官体验。

图 9-104 设计构成元素（影像与多媒体）：巴黎东区 L'Atelier des Lumières 数字艺术馆中以克里姆特为主题的投影。

图 9-105 设计构成元素（影像与多媒体）：英国布里斯托天文馆中的穹顶投影。

图 9-106 设计构成元素（影像与多媒体）：在英国著名的萨奇画廊中举办的多媒体艺术展。

图 9-107 设计构成元素（影像与多媒体）：波兰 Cracow 历史博物馆中用干冰作为投影介质（屏幕）的特殊效果。

互动装置

博物馆的互动装置既包括现代的电子互动技术，也包括传统的非数字交互方式。它一般指博物馆内可以由参观者直接参与的特别装置，如可通过按钮或屏幕进行操控的电子沙盘，各种现场科学小实验，各种模拟环境体验等。特别是当代数字科技的迅猛发展，使互动装置的内容与形式变得愈加丰富，它们不但极大地调动了参观者的参与感，也使博物馆与大众更加贴近。

随着博物馆受众人群的增加，加之其他文化娱乐产业的市场竞争，并进行竞争，互动媒体对博物馆来说，它不再仅仅是一种新奇的可有可无的东西，而是一种必然与期待。互动设计本身专业性极强，涉及许多复杂周密的专业领域，博物馆方通常会聘用专业的媒体设计师与开发者进行设计。但无论技术本身多么复杂，成功的互动装置必须做到操作简便，最好是人人容易上手。

● 交互式媒体

互动提供了一种独特的，通常也是非常难忘的方式让人们自然地融入展览的主题，尤其对年轻观众更是如此。伦敦科学博物馆就是一个非常成功的典型。那里各种高度互动的展项，在高峰期，到处都是玩性盎然的孩子们。

成功的互动设计应该使这一装置嵌入展览的叙述当中，成为展览的有机组成部分，而不是简单地设置几个游离于展览之外、可有可无的附加组件。遗憾的是，这样的例子在各类博物馆中经常见到。成功的作品应该能够首先让参与者进入叙事情结或特定氛围，在情节的推动与演进中实行互动，就像打电子游戏那样投入。因此，馆方在向设计师们交代任务时，务必要将这一部分的展纲内容，以及所期待的观展效果做出详尽的交代与明确的要求。同样重要的是设计出的产品还要与展览所传递的内容风格协调，更确切地说，就是观众的体验方式要与体验内容相一致。

● 观众体验

互动展项的设计首先要做到有趣，要让互动者在参与前就对它发生兴趣，跃跃欲试，并不惜花费时间排队等候。因此，吸引参观者是设计要达到的第一个目的，然后再循序渐进地加入较复杂的信息传递。第二个重要考虑是操作尽量简单，逻辑清晰。过于复杂的互动操作容易让参与者失去耐心与兴趣。请记住，使互动参与者越快进入状态效果越好，最好能让他们在半分钟之内了解和掌握这个互动项目的内容与操作方法。

互动装置可以是单人的或是同时由多人参与，两者有各自的优点和缺点。单人交互容易使参与者更加投入，接受与反馈更多的信息，但缺点是只有一个人参与；而多人互动可以为更多的人提供参与的机会，空间的利用率会更高。当一群人在一起兴致盎然的时候，欢快的气氛也会成倍放大，但缺点是对于那些不太乐意与陌生人交流，更愿意不受干扰地独自享受的人来说却并不是一个最好的选择。所以设计师要明智地兼顾不同参观人群的各种不同需求。另外，如果一个项目必须要多人参与才能开动的话，那么它在参观者稀少的日子里将会成为问题，设计者必须将这一点纳入考虑。因此，最好的互动装置是那种既可以小组互动，也可以单独操作的方式。

不论是单人或是多人的互动活动，其实还具有另外一个功能，这就是表演功能。对于旁观或围观的人们来说，互动的过程也可以说是一个表演的过程，观看也是一种参与，就像路边观看别人下棋，也同样可以将旁观者带入特定的氛围，引起他们评判或让他们也产生跃跃欲试的冲动。

● 技术

互动项目既可以利用最先进的技术，也不排除使用传统的非科技游戏方式，这一切都取决于受众目标、叙事内容和该部分展项所要达到的目的。当然，预算更是一个不得不加以考虑的决定因素。

手持设备：越来越多的电子与数字交互设备现已融入参观体验，如可以手持的智能手机、平板电脑，固定设备如数字屏幕和投影等。小组互动通常需要大规模的媒体，同时也可以将更多的个人电子设备进行联网。越来越多的博物馆把视线投向现有技术，如智能手机和平板电脑，并将它们整合为相对较低技术成本的 APP。如维多利亚博物馆举办的临展“伦敦的记忆”，就鼓励参观者在平板电脑上画出一幅观展印象，然后将其上传到在线数据库，最后转换成一幅展览海报。

随着在过去 20 年中个人手持电子设备的蓬勃发展，它们也已成为博物馆大可利用的自然平台。这些个人设备的优势是被广大用户所了解，而且不需要博物馆置办任何硬件。然而，关于手持设备是否能够完全融入博物馆环境还存在一些争论。反方的担忧是，由于这些设备也同时用于许多其他用途，如电子邮件及各种社交媒体，而这些功能难免会对整个参观过程造成一些干扰。正方的看法是，利用手机和平板电脑可以为博物馆创造强大的营销机会，参观者也可以通过社交媒体及时分享他们的参观体验，从而达到馆方所期望的传播效果。

声音：是交互式数字媒体的关键组成部分，设计者可以利用一切现有的音频技术，包括普通的耳机与扬声器进行音频的传送。然而在博物馆的特殊环境中，局部范围的声音控制是特别重要的，而“骨传导技术”则在此方面提供了一个更先进的方法。[①]

技术更新： 随着技术的不断升级与换代，建立于数字技术之上的博物馆互动设备也不可避免地需要及时的更新。新的应用程序或最新型的触摸屏可能过几年就会过时，硬件被新产品完全淘汰、取代，应用程序需要升级以满足新的功能，甚至新的屏幕交互方式也在不断发展。

博物馆应该向互动设计师进行充分的咨询，在可预见的情况下提前制定出升级规划。设计师应向馆方提出专业的建议与多种选择方案，建议他们使用相对稳定不易被快速淘汰的技术，如使用触摸屏而不是时髦的 APP 应用程序。总之，明智的策略是尽量使用已经经过若干年时间考验的成熟技术，而不必追求最尖端的新玩意。

技术的脚步不会停止，没有任何一种技术形式会永远吸引观众，唯一可以保持长久魅力的是博物馆本身的展览内容。只要你诠释的故事足够强大，技术平台可能会变得无关紧要。

● 选用何种互动?

交互方式分为几个不同的类别，从较小的允许单个用户沿主题路径深入的交互方式与鼓励多人参与的大型景观互动，如以下列举的几种常见方式：

发现式互动： 这些互动是分层次设计的，通常是单人操作，这种方式适用于不同知识需求的人群，它既鼓励探索者深入研究一个特定的主题，也适用于只想了解大致轮廓的人们。在数字时代之前，这是一种类似于图书馆中的检索系统。现在这套旧式检

---

① 作者注：骨传导技术是一种声音的传导方式，即将声音转化为不同频率的机械振动，通过人的颅骨、骨迷路、内耳淋巴液传递、螺旋器、听神经、听觉中枢来传递声波。相对于通过振膜产生声波的经典声音传导方式，骨传导省去了许多声波传递的步骤，能在嘈杂的环境中实现清晰的声音还原，而且声波也不会因为在空气中扩散而影响到他人。骨传导技术分为骨传导扬声器技术和骨传导麦克风技术。

索系统已被数字形式全部替代，而且它们通常是以触摸导航的屏幕界面方式呈现。这些互动界面可以是安装在展馆内的固定式屏幕，或是可移动的手持设备。

发现式互动尤其适用于那些希望通过浏览在线档案来吸引大众的博物馆机构。访问者根据自己的兴趣，能够从泛泛的主题层导航到更加详尽的信息层 ，自主决定访问到何种层次为止。对于那些想在参观结束后继续探索这一主题的人们来说，他们可以在互动中将有关链接直接发到自己的邮箱，以便后续之用。有时这些互动主题还包括各种评论、讨论与反馈空间，让访问者有机会获得更多的参与机会。这种连续的互动为博物馆与观众之间的对话打通了一条新的渠道。

游戏互动：游戏互动以参加者之间有趣的比赛和竞争，在娱乐中完成挑战，进而达到理解某些原理的目的。尤其在各种科学展项中被广泛应用。它的优势在于在游戏中通过身体和四肢的协调运动（如杠杆与平衡原理），而不像在听讲解时那样仅凭用脑进行学习，是一种被称为“动觉学习”的有效方式。

环境互动：环境交互是一种沉浸式的交互体验，通常规模较大，在参与者与环境间建立一种身在其中的情感关联，从中传递某种信息。通常这些设计更接近于艺术装置。它们的主要特点之一是把不同类型的观众聚集在一个相对封闭独立的空间，譬如互动装置与 3D 眼镜或大屏幕相连的如“星际旅行”、“高山滑雪速降”或“动力滑翔”等。此种互动往往提供一种强烈刺激的感官印象，而不在于追求知识的灌输。

照明

在一个展览空间里，观众对展览的总体视觉感受、对所有图形的视觉感知都高度取决于展厅的照明。在展厅这种高度人工化的环境中，设计师们用灯光来解读展览，来塑造和影响参观者在观展过程中的感受。照明已成为展览的核心要素之一，也是每一个展陈设计方案中需要考虑的重点。

许多当代的展览照明设计师从舞台灯光中进行了大量的借鉴，展览照明与舞台灯光这两门平行学科具有的相似之处是显而易见的：两者都强调通过灯光来控制空间氛围与情绪的变化；戏剧化的情节被施以强弱不同的照明处理；重要的展示部分被重点照明强调；而次要的部分则处于半阴影状态中。与舞台上灯光设计一样，展览照明创造了叙事的层次感，把最丰富的光线集中在最强烈的展品上，以丰富的灯光手段为展陈语言增添了新意。

● 舒适的照明

研究表明，尽管明亮的照明有时会显得缺乏一些戏剧性，但大多数参观者们认为明亮均匀的照明要比暗黑的环境令人感觉更舒服，特别是对于较长时间的参观来说，明亮的墙壁和天花板营能造出一种更愉悦的氛围，它要比单独的光池更有整体气氛。照度较低的黑暗空间会使人们很快感到疲倦，因此预计参观时长超过一小时的展览中应考虑提供一个光照水平较高的区域，以便观众休息一下他们的眼睛。但需要注意的是，光线强弱的转换需要一个适当的过渡，以避免光线突然增加使眼睛不舒服。

● 人的眼睛

叙事性照明设计首先需要理解人对光的感知与自然生理反应。事实上人的眼睛对光线的分辨率极强，当瞳孔调整到正常大小的时候，可以感受到特别微小的差异，甚至在极昏暗的条件下也能看到物体的形状。然而，人类的眼睛却适应不了光线的突然变化，譬如我们突然走进漆黑的电影院，需要经过一段时间才能看清周围的环境；反之也同样如此，当你的电影散场后，扑面而来的正午阳光也会晃得你睁不开眼。因此，设计师要充分照顾到人眼的生理特性，充分考虑到从亮到暗的过渡，为他们留出充分的调整时间，为参观者提供一个舒适的展览体验。只有当观众的眼睛调节到合适的水平，他们对灯光的细微变化将变得极为敏感，这时的灯光变化才能被观众接受、欣赏，否则，任何人眼适应期以外的设计努力与忽明忽暗的灯光处理都应避免。

● 现场考察

照明方案的设计在很大程度上取决于展览场地的具体条件。

设计开始前需要考虑有诸多因素，其中最主要的是日光的影响。日光比任何一种人工光源都要强烈，稍有不慎，日光会戏剧性地彻底改变任何人工照明的设想。尽管不同时段的日照与季节的变化可以预测，但每天日光随天气状况而变幻无常，低云量与高云量也会对进入空间的光的强度产生极大差异。尽管人类的眼睛能够适应光照强度的变化，但在阳光强烈的地方也同时会造成反差强烈的黑色阴影，这无疑对形成完整的叙事展览空间极为不利。

在 20 世纪初人工电照明开始普及以前，几乎所有的博物馆和美术馆都是通过展厅上方的天窗照明的，光线常常通过室内的中庭照到下面的地板上，在当时这种采光照明方法是非常成功的。英国的约翰·索恩爵士 1811 年在德威治公共画廊的设计中首创了这种方法。这座建筑非常成功而且至今仍在使用，只不过添加了一些现代的人工照明在阴天时补充光线的不足。时至今日，使用天窗照明的理念继续激发着建筑师的灵感，如拉斐尔·摩尼奥设计的斯德哥尔摩现代艺术博物馆和理查德·迈尔设计的洛杉矶盖蒂中心。与过去所不同的是，天窗下面添加了一层避免阳光直射的电动百叶窗帘。现代博物馆的建筑师与照明设计师都非常注重对日光的研究，自然光不但可以为建筑本身添加魅力，也可以与人工照明有效地结合，尤其为绿色节能照明贡献无尽的潜能。

大多数商展尤其受采光问题的困扰。现代的展览大厅通常使用大面积的玻璃材质，许多还装有大量的顶灯。由于商展的时间安排一般都非常紧迫，很少有占陈设计师会对照明条件进行专门的现场考察。这意味着展览的最终照明效果完全无法预测，更存在着强烈的日光极有可能将所有人工照明效果冲掉的危险，尤其是在展厅墙面配有玻璃窗的情况下。因此，提前进行现场调查很有必要。

出于对文物保护的需要，博物馆的展厅通常会完全排除日光照明，因为太阳发出的紫外线会对文物产生不利的影响。即使在有窗户的情况下，如临展，也会对窗户进行遮挡或使用防紫外线薄膜覆盖，已形成完全的人工光源环境。

总之，现场调查能够帮助设计师对展览空间进行深入了解，现场是否具有照明的基础设施、安装轨道或适用的灯具，调查还包括电源与布线的情况。如果展览场地本身就属于文物保护级别，则更有必要详细了解建筑的现有结构，确保加装的设备不会对其造成任何潜在的损坏。

● 方案设计

现场考察之后，设计师便可以开始着手进行设计。与展览的其他设计部门一样，清晰的设计思路与技术表达是成功的关键。根据经验，每一个展览都会在不同程度上拥有一件或数件核心展品，那么这些展品通常就是设计的起点。陈列这些展品的展台及周边的区域将成为设计的重心并依次推展到周边的其他较次要区域的照明。

灯光设计方案一般包括灯具与灯位的平面图与剖面图，设备清单与施工图，在某些情况下，根据甲方需要还可能包括一套电脑渲染的效果图。设计中如有灯光表演的部分，还应提供一份演示程序表，或用一个故事板草图来展示灯光变化中各个阶段的不同画面效果。

● 灯具的种类

展示用聚光灯具有不同的型号和种类，根据展厅的规模与实际需要，尤其视预算的条件进行选择。从最普通经济的小型轨道射灯到新型的舞台用电脑，以至于大功率的投影灯都可以用于博物馆与展览的照明方案中来。以其功能而论，基本上可分为两类：聚光灯与泛光灯。

聚光灯：是照亮展品的主要照明工具，光束较为集中，光区明显的灯具。聚光灯比一般背景光（或称“环境光”）更亮，其主要功用是重点照明，把参观者的注意力集中在特定的展品上。设计师根据不同的需要控制光区的大小，它可以是紧密聚焦的定点光区，也可以是相对松散的“轮廓”光池。

聚光灯的安装与投射角度非常重要，它决定着展品的艺术效果，如立体感、明暗层次等，根据不同对象，应反复试验以求找到最佳投射角度。另外，要特别避免灯光直射观众，千万不要让他们在观赏时眼前出现讨厌的炫光。

泛光灯（洗墙灯）：相对于聚光灯，泛光灯提供较为柔和的散射灯光效果，常用于照明面积较大的区域，如整个墙面或背景等，所以有人将它称为环境光或戏称为洗墙灯。多数情况下，展示区域以外的参观流线上与公共活动区域一般使用泛光灯系列较多，因为法律通常会对这些公共区域制定出明确的照度标准，而且这些活动区域更需要均匀稳定的照度。

需要特别提到的是，尽管上面刚刚提到聚光灯与泛光灯的基本分工，即前者多用于展品照明而后者多负责背景与公共照明，对于较大型展品的照明却是例外，如飞机、车辆、恐龙等大型展品，由于体型庞大、单一聚光灯的光圈不可能完全将它罩住，因此往往也会使用泛光灯具进行照明。此外，在大多数有观众参加的互动区域内，尽管也有展品陈列，但也会优先考虑使用泛光灯具，因为它们对观众产生的炫光相对较少。

● 布光要素

伴随着博物馆展陈领域的发展，许多具有丰富舞台戏剧灯光设计经验的设计师不断加入博物馆的设计团队。他们的艺术创作经验尤其是对戏剧性的理解与表现功力，都使博物馆照明的艺术含量得到提升。在设计实践中，舞台灯光所强调的诸设计要素也不可避免地被引入现代博物馆的灯光设计中。这些要素也随后演化为展陈灯光设计在设计方案时需要考虑的内容。

灯位与投射角度：来自不同方向的灯光投射到展品或人物身上会产生不同的效果。如，背部来光会使展品正面处于黑暗之中；单侧来光会产生一半阴一半阳的强烈反差。现代舞台灯光设计的鼻祖、首位创立了现代照明学说的美国灯光设计师斯坦利·麦肯德莱斯认为，来自水平与垂直均为45度的照明角度能产生最理想的照明效果，从这一角度投射的光束使被照射物体表面的明暗比例均匀，阴影部分适中，立体效果最佳。受这一理论影响，大部分设计师的布光方案都充分体现了这一照明的基本原则。当然任何原则都不应成为不可突破的屏障，尤其是艺术创作。在寻找最佳投光角度的问题上，设计师们首先应当明确自己想要达到何种视觉效果，比如神秘的氛围可以考虑非常规的低光位照明；为了表现正午的炙热，来自垂直的顶部照明可能会是你的选择。

强度：灯光设计中光的强度不仅指单一灯具的功率（亮度），而且指总的灯光强度。不难想象，一束通过调光器只开出一半亮度的单灯效果与30盏聚光灯同时全部开足的效果是无法相比的。使用不同的强度级差宛如用墨的浓淡，是灯光设计常用的处理手段之一。叙事性的光效需要千变万化，有时可能仅仅需要一个局部的特写光，如一束投在佛像上的月光；但有时又会需要均匀照亮整个空间。灯光的强弱、光束的宽窄、投射面积的大小，既取决于所投入的灯光数量，也取决于调光台对于光度的控制。尤其在具有情节的灯光表演时，渐强渐弱，强弱对比的灯光变化有利于展示节奏的调控，展示空间中的灯光亮度由弱变强，也可以有效地烘托叙事高潮的到来。

光比：光的亮度对比，即反差。高反差的灯光处理一般会使观众产生比较强烈的视觉印象；而低反差，也就是比较柔和的处理则会给人以相反的感觉。舞台上较为明显的例子是对于悲剧与喜剧的不同照明风格的选择：譬如对于莎士比亚悲剧的灯光处理手法，不论是《麦克白》的谋杀一场，还是《哈姆雷特》鬼魂一场，几乎都使用了高反差与突出光影的处理手法；而喜剧的灯光处理手法则多采用明暗反差较小、明亮欢快的照明基调。同样，对光比的把控也适用于博物馆空间的塑造，如中世纪的地牢中往往明暗对比强烈，玩具博物馆的照明处理不但明亮欢快，而且绝不会出现浓重的阴影。

质感：灯光的质感主要指灯光的“软与硬”。比较明显的例子是电影照明中，为了被摄物体或人物显得光润与柔和，往往要在灯具前加一层或多层柔光片，用以改变光的肌理，使灯光照射在物体表面上显得更加细腻和平滑，也可使演员的皮肤皱纹得以消除，从而使他们显得更加年轻。而展陈照明灯光的质感主要体现在灯光的软硬程度，具体来说，泛光灯的质感较柔和，而造型聚光灯的光质与光圈则都显得较硬。软光与硬光最重要的区别在于软光较少产生光影，而硬光所产生的光影问题则需要设计师们的认真对待。

色彩：毫无疑问，色彩在所有视觉元素中最富表现力，也最容易使观众在情感上引发联想并产生强大情感共鸣。在所有论述色彩学的教科书中关于色彩与人类（甚至动物）情感的联想的论述已经很多，比如红色对应激烈，蓝色对应宁静等。对于这些单纯色彩的象征意义前人已有太多的表述，所以我们在这里也就不必过多重复。为了进一步提高展陈照明的艺术感染力，我们对色彩学的研究应当更多地注重于色调的统一与色彩的合理使用。光色不仅仅是单纯的色相问题，同时还包含了亮度、饱和度与冷暖对比等一系列考虑。设计师不但要熟悉色彩学中对比色、调和色等基本理论，更重要的是在学习中有意锻炼对色彩的敏锐感知度，全面提高色彩修养。在光色的使用上，经常出现的问题是用色过多，过于“花哨”而缺少统一的色调。一个具有深厚色彩修养的设计师在色彩的使用上一定要学会“克制”，要做到惜“色”如金。

为了最大限度地还原展品的真实面貌，大多数博物馆展陈的灯光都使用无明显色彩倾向的白光，但通常灯光设计师会根据展品的不同而小心选择偏暖色或偏冷色的白光。

● 特殊照明

投影机：尽管投影一般归由视频部门负责，但因其具有光的特性，所以也与灯光设计关系紧密。有时投影机所投射的图像或图案也可成为照明的一部分，甚至成为独立的照明光源。

透镜遮光片（Gobo）：这是一个可插入聚光灯内的小金属板，上面刻有剪影图案（如建筑剪影、树荫、水波、窗棂或一个标志图形），通过聚光灯将图案投射到地面或展墙上。最新的Gobo片早已突破黑白剪影的局限，可以通过特殊的印刷技术将真实的影像印在高温玻璃上，这种Gobo虽然制作成本较高，但投影的艺术效果是传统黑白剪影片所不可比拟的。

光纤：现代博物馆里的陈列展柜内普遍使用光纤照明。这种光源的最大优点是不会在展柜内产生高温，因为光源是在展柜外部，光线通过光缆传递到柜内的末端，展品与光源完全隔离，从而防止了展柜内部的热量积聚。

电脑灯：电脑移动灯光在舞台演出中已经非常普及，但目前在博物馆照明中还很少见到。它是商业展览的主要部分，在适当的时候，它被用来创造活力与制造气氛。在展陈界电脑灯最常用于产品发布活动的照明。

灯箱：此种方法是将部分展墙或展板做成自发光的半透明表面，通过内部光源显示图文，习惯称为灯箱，但材料与制作工艺比我们常见的广告灯箱更讲究。展示灯箱使用柔和的漫反射光源，如荧光灯管或 LED 灯条等。灯箱内部漆成白色，以提供最大的反射。

边框照明：照明设计师经常在灯箱或普通展板四周用灯光装饰出一圈光晕，就如同画框一样，使展板及其内容显得更加突出和美观。这种边框光晕既可以在展板本身的正面出现（光晕向内），也可以将灯条装在展板的背面，投射向背景墙，产生外光晕（光晕向外）的效果（图 9–108 至图 9–120）。

图 9–108 设计构成元素（照明）：19 世纪完全依赖自然光的博物馆照明，图为波兰克拉科夫博物馆。

图 9-109 设计构成元素（照明）：在20世纪初人工电照明开始普及以前，几乎所有的博物馆和美术馆都是通过展厅上方的天窗照明的，光线常常通过室内的中庭照到下面的地板上，在当时这种采光照明方法是非常成功的。

图 9-110 设计构成元素（照明）：巴黎奥赛博物馆自然光源与人工光源相结合的照明效果。

图 9-111 设计构成元素（照明）：伦敦市立博物馆所采用的模拟户外树荫环境下的顶光照明。

图 9-112 设计构成元素（照明）：伦敦 V&A 博物馆展柜中的顶部灯箱照明，使展品的细节在舒适柔和的灯光下得以充分展现。

图 9-113 设计构成元素（照明）：波兰克拉科夫市地下广场中央博物馆，聚光灯局部照明凸显了展示空间的戏剧化氛围。

图 9-114 设计构成元素（照明）：华盛顿犹太人大屠杀纪念博物馆，运送遇难者的闷罐车箱里，一道透过窗口照射进来的窄窄光束令人感到被囚的绝望。

图 9-115 设计构成元素（照明）：斯图加特奔驰博物馆的照明大量采用了装饰感很强的光带照明效果，使背景的层次更加丰富。

图 9-116 设计构成元素（照明）：斯图加特奔驰博物馆照明，生动的光影与光带营造出的“地平线”。

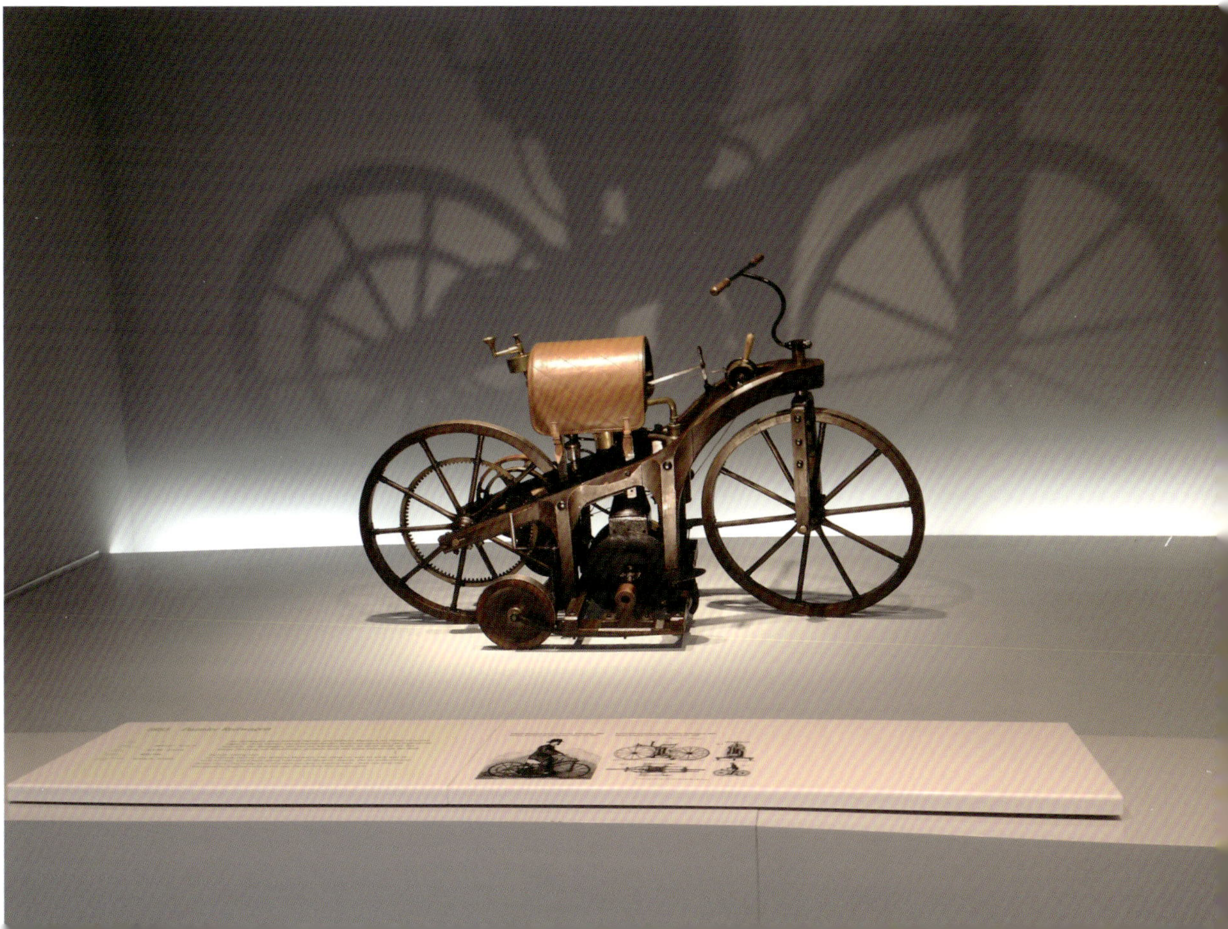

图 9-117 设计构成元素（照明）：隐藏在展品中的光源既避免了产生刺眼的炫光，而发散形的光影又夸大了作品的张力与压迫感。

图 9-118 设计构成元素（照明）：北加州艺术博物馆，通过展品的内置特殊照明装置投射到墙壁上的唯美影像图案。

图 9–119 设计构成元素（照明）：堪萨斯城第一次世界大战博物馆的晚间建筑照明效果。

图 9–120 设计构成元素（照明）：堪萨斯城第一次世界大战博物馆外立面的庆典灯光秀。

附　录

附录一　参考书目

书名	作者	出版社	书号
The Art of Museum Exhibitions	Leslie Bedford	Routledge, London	ISBN 978-1-61132-311-5
Creating Exhibitions	Polly McKenna-Cress, Janet Kamien	John Wiley & Sons, USA	ISBN 978-1-118-30634-5
Exhibition Design	David Dernie	Laurence, London	ISBN 10: 1-85669-522-0
Manual of Museum Exhibition	Barry Lord, Maria Piacente	Rowman & Littlefield, NY	ISBN 978-0-7591-2269-7
Exhibition Design	Philip Hughes	Lawrence King, London	ISBN 978-1-78067-606-7

附录二　插图列表

第一章

图 1-1　意大利收藏家尤里斯・阿尔德洛万迪 ©Incisione di Giuseppe Maria Mitelli, Bologna 1677

图 1-2　卡比托林博物馆 ©musement.com

图 1-3　梵蒂冈博物馆的建筑雕塑 ©itmap.it

图 1-4　英国皇家军械博物馆 ©gramho.com

图 1-5　德国植物学家乔格・拉夫 ©wikiwand.com

图 1-6　大英博物馆动物学展厅 ©British Library CC BY-NC

图 1-7　普拉多博物馆 ©museo del prado

图 1-8　印度博物馆 ©Indian Museum 1906

图 1-9　维多利亚与阿尔伯特博物馆日本文化介绍 ©London Stenescopic Company 1862

图 1-10　西点军校军史博物馆 ©history.army.mil

图 1-11　布鲁克林博物馆的露丝艺术中心 ©flickr.com

图 1-12　古根汉姆博物馆 ©thethirdself.com

图 1-13　贝尔法斯特泰坦尼克纪念馆 ©Titanic Belfast

图 1-14 美国大屠杀纪念馆 ©theodysseyonline.com
图 1-15 英国维多利亚与阿尔博特博物馆 ©Victoria and Albert Museum
图 1-16 匈牙利建筑博物馆 ©inhabitat.com
图 1-17 芝加哥雅典娜建筑博物馆 ©mapio.net
图 1-18 Schifferstadt 建筑博物馆 ©pinterest.co.uk
图 1-19 罗马广场 ©fr.m.wikipedia.org
图 1-20 西澳大利亚博物馆 ©scoop.com.au
图 1-21 纽约现代艺术博物馆 ©nytimes.com
图 1-22 伦敦泰德现代艺术馆 ©architectsjournal.co.uk
图 1-23 罗斯福图书馆 ©pinterest.co.us
图 1-24 小布什图书馆 ©darkroom.baltimoresun.com
图 1-25 瑞士卢塞恩交通博物馆 ©trip.com
图 1-26 纽约布鲁克林儿童博物馆 ©pmcaonline.org
图 1-27 美国亚特兰大儿童博物馆 ©childrensmuseumatlanta.org
图 1-28 伦敦大英博物馆中庭 ©architectsjournal.co.uk
图 1-29 奥祖尔盖蒂历史博物馆 ©de.wikivoyage.org
图 1-30 威廉斯堡博物馆 ©toomiplay.com
图 1-31 布鲁斯音乐博物馆 © 于海勃
图 1-32 哥本哈根航海博物馆 ©glasinbeeld.nl
图 1-33 巴塞罗那航海博物馆 ©erasmusu.com
图 1-34 “爱荷华号”战列舰博物馆 ©bizbash.com
图 1-35 格拉斯哥亨特尔医学博物馆 ©sreivphol.myblog.arts.ac.uk
图 1-36 拉斯维加斯人体艺术馆 © 于海勃
图 1-37 拉斯维加斯人体艺术馆 © 于海勃
图 1-38 纽约“911”国家纪念博物馆 © 于海勃
图 1-39 纽约“911”国家纪念馆外水池 ©obamalibrary.gov
图 1-40 英国皇家空军博物馆 ©iwm.org.uk
图 1-41 堪萨斯城第一次世界大战博物馆 ©kansascity.com
图 1-42 伦敦自然历史博物馆 ©thetimes.co.uk
图 1-43 渥太华自然历史博物馆 ©dothedaniel.com
图 1-44 瑞典斯堪森博物馆 ©nimkad.ir
图 1-45 法国雷恩生态博物馆 ©architizer.com

图 1-46 芝加哥科学与工业博物馆 ©travelandsport.com
图 1-47 美国棒球名人堂暨博物馆 ©elitebaseballleague.com
图 1-48 德国保时捷博物馆 ©teamspeed.com
图 1-49 悉尼植物园 ©good-design.org
图 1-50 苏黎世动物园 ©statusbureau.com
图 1-51 迈阿密海洋博物馆 ©cpexecutive.com

第二章

图 2-1 美国犹太人大屠杀纪念博物馆 ©columbiametro.org
图 2-2 美国犹太人大屠杀纪念博物馆 ©ushmm.org
图 2-3 美国犹太人大屠杀纪念博物馆 ©ushmm.org
图 2-4 耶路撒冷大屠杀纪念馆 ©nypost.com
图 2-5 维多利亚与阿尔博特博物馆 ©timeout.com
图 2-6 维多利亚与阿尔博特博物馆 ©mhzlondon.com
图 2-7 吉尼斯啤酒博物馆 ©pubtours.ie
图 2-8 吉尼斯啤酒博物馆 ©pubtours.ie
图 2-9 吉尼斯啤酒博物馆 ©pubtours.ie
图 2-10 吉尼斯啤酒博物馆 ©pubtours.ie
图 2-11 吉尼斯啤酒博物馆 ©pubtours.ie
图 2-12 吉尼斯啤酒博物馆 ©pubtours.ie
图 2-13 泰坦尼克展 ©bauatelier.net
图 2-14 泰坦尼克展 ©thingstodoinlasvegas.com
图 2-15 泰坦尼克展 ©atelier-brueckner.com
图 2-16 泰坦尼克展 ©atelier-brueckner.com
图 2-17 泰坦尼克展 ©atelier-brueckner.com
图 2-18 泰坦尼克展 ©atelier-brueckner.com
图 2-19 泰坦尼克展 ©thingstodoinlasvegas.com

第三章

图 3-1 哈利法克斯儿童博物馆 ©fun-science.org.uk
图 3-2 哈利法克斯儿童博物馆 ©fun-science.org.uk
图 3-3 哈利法克斯儿童博物馆 ©fun-science.org.uk

图 3-4 布里斯托科学中心 ©adforum.com
图 3-5 地球与太空中心，纽约自然科学博物馆 ©wallpapercave.com
图 3-6 地球与太空中心，纽约自然科学博物馆 ©wallpapercave.com
图 3-7 伦敦自然科学博物馆能源馆 ©commons.wikimedia.org
图 3-8 伦敦自然科学博物馆能源馆 ©wikaba.com
图 3-9 伦敦自然科学博物馆能源馆 ©flickr.com
图 3-10 盐湖城冬奥会三星电子科技馆 ©news.joins.com
图 3-11 圣路易斯城市博物馆 ©stijlmagazine.nl
图 3-12 圣路易斯城市博物馆 ©stltoday.com

第四章

图 4-1 虚拟现实（VR）、增强现实（AR）和混合现实（MR）©pinterest.co.uk
图 4-2 三度空间虚拟世界 ©google.com
图 4-3 虚拟世界与现实世界叠加 ©pinterest.co.uk
图 4-4 佛罗里达科学博物馆 ©travelpedia.com.br
图 4-5 华盛顿自然博物馆 ©athensscienceobserver.com
图 4-6 真假难辨的混合现实 ©pazarlamasyon.com
图 4-7 AR 辅助导览 ©heritagedot.org
图 4-8 泰德现代艺术馆 ©mancunion.com
图 4-9 “月球博物馆” ©canalb.fr
图 4-10 “月球博物馆” ©canalb.fr
图 4-11 朗讯公司展览中心剧院 © 于海勃
图 4-12 纽约自然博物馆 © 于海勃
图 4-13 迈阿密科学博物馆 ©pinterest.co.uk

第七章

图 7-1 合理的参观流线 ©Ralph Appelbaum Associates
图 7-2 流线图 ©Ralph Appelbaum Associates
图 7-3 流线规划模型 ©Ralph Appelbaum Associates
图 7-4 迪斯尼乐园“小小世界” ©g-switch.org
图 7-5 芝加哥菲尔德博物馆 ©firewall-security.com
图 7-6 路易威登回顾展 © 于海勃

图 7-7 旧金山探索博物馆 ©onlyinyourstate.com
图 7-8 单一参观路线 © 于海勃
图 7-9 多通道参观路线 © 于海勃
图 7-10 对应式布局 © 于海勃
图 7-11 扇形布局 © 于海勃
图 7-12 同心圆式布局 © 于海勃
图 7-13 星形布局 © 于海勃
图 7-14 阵列式布局 © 于海勃
图 7-15 “911”国家纪念博物馆室外 © 于海勃
图 7-16 纪念第一次世界大战爆发 100 年活动，伦敦塔博物馆 ©katescloset.com.au
图 7-17 纪念第一次世界大战爆发 100 年活动，伯明翰的广场 ©katescloset.com.au
图 7-18 乌克兰爱国战争博物馆 ©account.travel/place/museum-of-the-great-patriotic-war.html
图 7-19 洛杉矶城市博物馆的雕塑群“城市之光”©pinterest.com
图 7-20 哈雷摩托车博物馆 ©2015.highedweb.org
图 7-21 大都会博物馆 ©metmuseum.org
图 7-22 “911”国家纪念博物馆 © 于海勃
图 7-23 方便面博物馆 © 于海勃
图 7-24 宝马汽车博物馆 ©good-week.ru
图 7-25 克利夫兰艺术博物馆 ©pinterest.com
图 7-26 克利夫兰艺术博物馆 ©pinterest.com
图 7-27 纽约昆士科学博物馆 © nickhardeman.com
图 7-28 伊利诺伊大屠杀纪念教育中心 ©workingnotworking.com
图 7-29 荷兰克里莫艺术博物馆 ©thekremercollection.com

第八章

图 8-1 伦敦战争博物馆 ©ianthearchitect.org
图 8-2 东京大江户博物馆 © 于海勃
图 8-3 哈雷摩托车博物馆 ©themuseumwow.wordpress.com
图 8-4 哈雷摩托车博物馆 ©flickr.com
图 8-5 柯洛内斯山地博物馆 ©archilovers.com
图 8-6 坎昆水下雕塑博物馆 ©garzablancaresidenceclub.com
图 8-7 第一次世界大战博物馆 ©google.com

图 8-8 蓝调博物馆 ©National Blues Museum
图 8-9 盐田千春的系列装置“记忆”©pinterest.com
图 8-10 歌剧设计“行星”©Ralph Koltai
图 8-11 “空间系列”© 于海勃
图 8-12 歌剧《特洛伊之战》舞美设计 ©medium.com
图 8-13 现代雕塑“王莲”©sothebys.com
图 8-14 艺术装置 ©reddit.com
图 8-15 骑马雕塑 © 于海勃
图 8-16 曼彻斯特谷物交换大厅中小剧场 © 于海勃
图 8-17 疏密布局 ©liquidline.se
图 8-18 材质 ©forums.autodesk.com
图 8-19 平衡与对称 ©pinterest.com
图 8-20 统一与和谐 ©asergeev.com

第九章

图 9-1 大英博物馆外景 ©wikimedia.org
图 9-2 大英博物馆庭院 ©stonescreen.org
图 9-3 西班牙古根汉姆博物馆 ©artnewscafe.com
图 9-4 古根汉姆博物馆的广场艺术装置 ©earch.cz
图 9-5 古根汉姆博物馆展厅 ©yuriybobak.com
图 9-6 卢浮宫阿布扎比博物馆 ©architecturaldigest.com
图 9-7 卢浮宫阿布扎比博物馆内的穹顶 ©architecturaldigest.com
图 9-8 维多利亚与阿尔伯特博物馆改建方案 ©museumfutures.org
图 9-9 维多利亚与阿尔伯特博物馆的地下大厅 ©museumfutures.org
图 9-10 维多利亚与阿尔伯特博物馆竞标方案 ©libeskind.com
图 9-11 墨西哥钢铁博物馆 ©arquitectes.cat
图 9-12 墨西哥钢铁博物馆内展览空间 ©archdaily.com
图 9-13 柏林犹太博物馆 ©dokmimarlik.com
图 9-14 瑞士交通博物馆 ©verkehrsrecht-freiberg.de
图 9-15 彼得森汽车博物馆 ©milled.com
图 9-16 彼得森汽车博物馆内景 ©panasonic.net
图 9-17 V&A 的布展方案 ©vam.ac.uk

后　记

每到一个陌生的地方，了解它的最快途径有两条：一是阅读当地报纸；二是参观当地的博物馆。

上面这句话是多年前在一位美国游记作家的书里读到的，可惜既忘了书名也忘了人名，但记忆非常深刻，因为当时我正准备从伦敦搬到加州的首府，这个建议曾帮我在极短的时间内了解并融入了那座城市。

交通的便利使当今的世界显得越来越小，出差、观光、会议甚至迁居使大批生活在不同地域的人群有了更多的交往机会，同时也使他们有了更多了解对方的渴望。一些人或许仅仅满足于普通的观光旅游，而另一些人则可能更钟情于某一城市的文化底蕴，对于他们，那种马路天使般走马观花的纯感官体验肯定是远远不够的。

我们都知道，对某一国家、城市或地区的了解主要分为两条脉络：即它的过去和现在。当地的报纸为你提供了观察人的窗口，看到当地人目前所关注的话题，这里正在发生的重要时事以及当地各层民众的各种态度，甚至通过报纸上的广告得到有用的信息，如某巨星的巡回演出消息或权威的美食推荐等。

遗憾的是阅读报纸需要具备一定的语言能力，有时可能还需要外文，所以并不适合所有的人，因此，参观博物馆便成了最值得向所有人推荐的活动。博物馆通常会以生动的组合方式向你迅速传递出各种人文历史与文化科技方面的丰富知识，为你勾勒出一幅关于此地的过去、现在甚至将来的立体图画。当你走出博物馆的时候，我确信这次参观不但会增强你对这座城市的认识，可能某些细节片段还将在你的记忆中久远保存。

博物馆是知识的快速充电站，走进它，不会让你失望。

于海勃

2020 年 12 月 7 日 · 拉斯维加斯